Liebe in der Antike

Liebe in der Antike

Christopher Miles & John Julius Norwich

Aus dem Englischen von
Sabine Lorenz und Felix Seewöster

Erstveröffentlichung 1997 bei
Weidenfeld & Nicolson.
The Orion Publishing Group, London
Titel der Originalausgabe: Love in the ancient world

Die Deutsche Bibliothek – CIP Einheitsaufnahme

Miles, Christopher:
Liebe in der Antike / Christopher Miles & John Julius Norwich. Aus dem Engl. von Sabine Lorenz und Felix Seewöster. –
Köln : vgs, 1997
Einheitssacht.: Love in the ancient world <dt.>
ISBN 3-8025-1351-7

Lektorat: Marcus Reckewitz, Bonn
Umschlaggestaltung: Papen Werbeagentur, Köln
Satz: ICS Communikations-Service GmbH, Bergisch Gladbach
Printed in Italy
ISBN 3-8025-1351-7

VOR- UND NACHSATZ: „Grab der Leoparden" auf dem Monterozzi-Friedhof bei Tarquinia. Die Pose der beiden Leoparden erinnert an Wappentiere. Darunter die Darstellung dreier Paare, die sich zum Mahl auf einem gepolsterten *klinai* niedergelassen haben. Bei den vergleichsweise blaß gezeichneten Frauen dürfte es sich um Ehegattinnen und nicht um *hetairai* handeln. Die Frau rechts im Bild wendet sich mit einer eindeutig liebevollen Geste an den Mann neben ihr (mit einem Ei in der Hand), zu dessen Andenken vermutlich das Grab angelegt wurde. Der Stil der Fresken mit ihren lebhaften Farben zeigt attische Einflüsse. Die Grabkammer ist 2,16 Meter hoch, 3,30 breit und 1,70 lang. Ca. 475 v. Chr. (Fondo Lancioni, Tarquinia, Italien)
FRONTISPIZ: Frauen bei einem Gastmahl, Szene aus dem Grab des Nebamun in Theben, 1400 v. Chr. (British Museum, London, Nr. 37980)
SEITE 3: Kalksteinrelief. *Symplegma*-Figur eines kopulierenden Paares aus dem ägyptischen Memphis, 2. Jh. v. Chr. (Petrie Museum, London)
SEITE 4/5: Kahlköpfiger Liebhaber mit seiner Hetäre auf einer schmalen Lagerstätte mit noch schmalerer Matratze – ein Beweis für die geringe Bedeutung, die die Griechen der Bequemlichkeit zumaßen. Auffällig ist außerdem, daß die Kleider der Frau ordentlich zusammengelegt, seine dagegen über einen Haken geworfen sind. Trinkbecher von der Hand des Triptolemos-Malers, ca. 470 v. Chr. (Museum in Tarquinia, Italien, Nr. ARV 36794)

Inhalt

Einleitung

An einem glühendheißen Julitag des Jahres 1959 suchte eine sechsundvierzigjährige Engländerin in der Oldoway-Schlucht im heutigen Tansania nach Knochen. Mary Leakey, die Frau des berühmten Paläontologen Louis Leakey, hatte sich bereits selbst einen Namen als Wissenschaftlerin gemacht. In der gleißenden Mittagssonne waren die Knochen vor dem Hintergrund der weißen Steine und des hellen Sandes zunächst kaum zu erkennen. Doch plötzlich entdeckte Mary Leakey einen aufrecht aus dem Sand ragenden Gegenstand. „Er war dem Knochen eines Hominiden ähnlich, sah allerdings außerordentlich massig aus – eigentlich zu dick für einen menschlichen Knochen", notierte Mary Leakey später. Als sie den Sand beiseite schob, fand sie jedoch tatsächlich einen großen, aber zweifellos menschlichen Kieferknochen. Er stammte von der ältesten bisher entdeckten Hominidenform, dem Zinjanthropus boisei oder Australopithecus boisei, wegen der enormen Größe seines Kiefers auch „Nußknackermensch" genannt.

1978, einige Jahre nach dem Tod ihres Mannes, stieß Mary Leakey im ostafrikanischen Laetoli (Tansania) auf die versteinerten Fußabdrücke von Hominiden, deren Spuren sich in Vulkanasche erhalten hatten. Damit konnte sie der erstaunten Weltöffentlichkeit den Beweis liefern, daß der Mensch bereits vor gut dreieinhalb Millionen Jahren den aufrechten Gang entdeckt hatte – also eine Million Jahre früher, als man bis dahin angenommen hatte. Die Anordnung der Abdrücke ließ darüber hinaus den Schluß zu, daß zwei Hominiden dicht nebeneinander und im Gleichschritt gegangen sein mußten. Es sah so aus, als ob diese beiden frühen Vorfahren des Menschen Arm in Arm die Steppe durchquert hätten.

Was hatte diese beiden afrikanischen Australophitecinen dazu bewogen, vor so langer Zeit Seite an Seite einherzugehen? Geschah es aus Kameradschaft, Freundschaft oder vielleicht aus Liebe? Die Brockhaus-Enzyklopädie führt zum Stichwort „Liebe" einen ausführlichen, über zwei Seiten langen Eintrag. Hält man sich vor Augen, wie breitgefächert die Bedeutung des Wortes im Sprachgebrauch ist, überrascht dies kaum: Man kann verliebt sein, „Liebe machen", seinen Freund, seinen Hund oder aber auch Schokolade lieben. Im Deutschen Wörterbuch von Wahrig wird Liebe als „starke Zuneigung, starkes Gefühl des Hingezogenseins, opferbereite Gefühlsbindung" definiert.

Und wir alle glauben zu wissen, was unter dem Begriff Liebe zu verstehen ist. Diesem Gefühl auch einen künstlerischen Ausdruck zu verleihen war seit jeher das Bestreben von Malern, Bildhauern, Schriftstellern und Poeten. Das Verhältnis der Menschen zu dem, was man mit Attraktivität zu umschreiben versucht, scheint auf der ganzen Welt gleich zu sein. Jüngste Experimente zeigten, daß Neugeborene, denen man abwechselnd Fotografien von schönen wie auch von unscheinbaren Gesichtern zeigte, erstere länger und aufmerksamer betrachteten. Was die Menschen attraktiv finden, hat sich über die Zeiten hinweg scheinbar kaum geändert. Die Schönheit der ägyptischen Königin Nofretete, die goldene Maske des Tutanchamun, die Marmorstatue der Venus von Milo und die antiken Bronzeskulpturen griechischer Krieger ziehen auch die Menschen von heute noch in ihren Bann. Schon die Griechen verfügten über mehr als ein Wort für Liebe – *eros* für das physische Begehren, die Lust, und *agape* für die brüderliche oder spirituelle Liebe. Doch wie fing alles an? Wie begann der Mensch, sich dieses mächtigsten, fesselndsten, ärgerlichsten und angenehmsten aller Gefühle gewahr zu werden?

LINKE SEITE: Fußspuren von Hominiden (wahrscheinlich Australopithicus afarensis). Die Abdrücke lassen eine entwickelte Fußform erkennen. Der große Zeh weist im Gegensatz zu dem abspreizbaren eines Affen keine Abweichung auf. Die 70 Meter lange Spur wurde 1978 von der Engländerin Mary Leakey in Olduvai, Laetoli (Tansania) gefunden.

1 *Die Anfänge der Menschheit*

RECHTE SEITE: Der Riese von Cerne Abbas. Relief in den Kreidefelsen oberhalb des Dorfes Cerne Abbas in Dorset, England.

UNTEN: Die Venus von Willendorf. Die 10,4 cm große Kalksteinskulptur weist noch Spuren der ursprünglichen roten Ockerbemalung auf. Reproduktion aus der Sammlung des Archäologen Dr. Paul Bahns; auch die im Naturhistorischen Museum in Wien ausgestellte Figur ist lediglich eine Kopie. Die Originalskulptur, die von einzigartigem Wert ist, wird in einem Safe des Museums aufbewahrt. Österreich, ca. 26 000 v. Chr.

Die Höhlenbewohner

Die Mehrheit der Paläoanthropologen geht davon aus, daß der Mensch vor etwa 300 000 Jahren von Afrika nach Europa migrierte und aus dieser Linie eine Frühform des Homo sapiens hervorging – die Neandertaler, die noch auf einer relativ primitiven Entwicklungsstufe standen, unfähig, anders miteinander zu kommunizieren als durch Laute und Gesten. Doch wie die Entdeckung der „ältesten" menschlichen Fußabdrücke durch Mary Leakey zeigt, müssen anthropologische Theorien über die Ursprünge der Menschheit im Lichte immer neuer Erkenntnisse und Datierungen ein ums andere Mal revidiert werden.

Auch das Bild des ungeschlachten, der Sprache nicht mächtigen Neandertalers, der mit einer Keule in den behaarten Händen aus seiner Höhle kriecht, mußte aufgrund neuer Entdeckungen korrigiert werden. Im Oktober 1995 fand der slowenische Paläontologe Dr. Ivan Turk bei Ausgrabungsarbeiten in einer Höhle im Nordwesten seines Heimatlandes das älteste Musikinstrument der Welt: eine aus einem hohlen Knochen gefertigte Flöte, deren Alter auf 82 000 Jahre geschätzt wird. Sie besteht aus dem Hüftknochen eines jungen Bären und weist auf einer Seite in einer geraden Linie angeordnete Löcher auf.

Die bisher entdeckten flötenartigen Instrumente wurden 40 000 Jahre später vom Homo sapiens angefertigt, der sich über ganz Europa verbreitete und vor 30 000 Jahren den Neandertaler verdrängte. „Wenn die Musik der Liebe Nahrung ist, spielt weiter!" schrieb Shakespeare in „Was ihr wollt". Vermag Musik die Liebe zu inspirieren?

Baudelaire war der Ansicht, daß Liebe nur in Gesellschaften existiert, die einen gewissen Zivilisationsgrad erreicht haben. Ist der nur 3,5 cm große, wunderschön frisierte Frauenkopf von Brassempouy also Ausdruck „eines gewissen Zivilisationsgrades"? Die in Frankreich gefundene Skulptur wurde vor 24 000 Jahren aus dem Stoßzahn eines Mammuts geschnitzt. Die Schönheit und Einfachheit des klar geschnittenen Gesichtes mit seinen großen Augen, dem zarten Kinn und den kunstvoll geflochtenen Haaren spiegelt die ewige Schönheit der Frauen wider, die offenbar schon Thema der frühesten uns bekannten Kunstwerke war.

In seinem 1894 erschienenen Buch „Anmerkungen zur Geschichte der primitiven Kunst" beschreibt der Franzose Edouard Piette die Kunstwerke des frühen Menschen im großen und ganzen als primitiv und unzivilisiert. Doch angesichts dieser Skulptur, der er den

RECHTS: In den italienischen Grimaldigrotten gefundene Frauenfigurinen aus dem Neolithikum. Die linke Specksteinfigur wurde in der Prinzengrotte gefunden, die beiden anderen Skulpturen stammen aus der Grotte Baoussé-Roussé. (Musée des Antiquités Nationales, St. Germain, Frankreich)

OBEN: Frauenfigur aus dem Paläolithikum. Die im französischen Fort Harrouard (Dép. Eure-et-Loire) gefundene Statuette aus gebranntem Ton wurde vermutlich als Gottheit eines Fruchtbarkeitskultes verehrt. (Musée des Antiquités Nationales, St. Germain, Frankreich)

Namen „Dame mit Kapuze" gab (wenngleich es sich eher um ein feines Haarnetz oder eine kunstvoll geflochtene Frisur als um eine Kapuze handelt), gestand er seine uneingeschränkte Bewunderung für die Schönheit der dargestellten Frau ein. „Es war Liebe", urteilte Piette, „die den frühen Bildhauer dazu inspiriert hat, das Bild dieser außerordentlich attraktiven Frau in Elfenbein zu schnitzen."

Im Gegensatz dazu entspricht die Venus von Willendorf (s. Abb. S. 8), die ihren Namen nach der österreichischen Ausgrabungsstätte unweit der Donau erhielt, mit ihren weit ausladenden Hüften, großen, Fruchtbarkeit signalisierenden Brüsten und dem runden, vorstehenden Bauch wohl kaum den heute geltenden Schönheitsidealen. Doch die Österreicher brauchen sich dieser Figur, die vor mehr als 26 000 Jahren aus Kalkstein gefertigt wurde, keineswegs zu schämen. Zum Zeitpunkt ihrer Entdeckung sah man in der Skulptur einen Beweis für die These, daß die frühen Menschen ursprünglich aus Afrika kamen, da ihr Erscheinungsbild durchaus Ähnlichkeit mit dem Körperbau von Hottentottenfrauen aufweist.

War sie ein Liebesobjekt? Oder, wie einige Archäologen sie nennen, eine „Göttin der Liebe", eine Venus der Steinzeit?

Vor nicht allzu langer Zeit wurde an der Ausgrabungsstätte Berekhat Ram in Israel ein kleines Stück Vulkangestein gefunden. Dem Archäologen Paul Bahn zufolge haben Radiokarbonmessungen ergeben, daß der Stein zwischen 233 000 und 800 000 Jahre alt ist. Bei genauerer Untersuchung unter dem Mikroskop stellte Alexander Marshack fest, daß der Stein am „Nacken" und an den „Armen" winzige Einkerbungen aufweist, ein sicherer Beleg dafür, daß diese „Figur einer Göttin" von Menschenhand geschaffen worden ist. Damit zählt sie zu den frühesten bekannten, von Menschen hergestellten „Kunstgegenständen". Zweifelsohne haben auch einige der von vorgeschichtlichen Menschen gefertigten Werkzeuge künstlerische Qualitäten, doch anders als diese diente das Stück Vulkangestein keinem praktischen Zweck. Damit markiert die winzige Skulptur einen enormen psychologischen Entwicklungssprung – vom künstlerisch gestalteten Werkzeug, das in seiner Konstruktion immer dem praktischen Nutzen verhaftet bleibt, zur bewußten Erschaffung eines zweckfreien Kunstgegenstandes.

Mehr als zweihundert dieser sogenannten Venusstatuetten sind bisher in einem Gebiet, das von den französischen Pyrenäen bis zum Baikalsee in Sibirien reicht, gefunden worden. Bedauerlicherweise war die Entdeckung vieler dieser Statuetten, von denen die meisten in Höhlen gefunden wurden, nicht das Ergebnis einer systematischen, wissenschaftlich geleiteten Suche, so daß heute in vielen Fällen weder die genauen Fundorte zu rekonstruieren sind noch eine Aussage über ihre Bestimmung und Verwendung gemacht werden kann. Archäologen und Prähistoriker haben immer wieder versucht, Zusammenhänge zwischen diesen weiblichen Figuren herzustellen, doch auch wenn sie sich in vieler Hinsicht ähneln, so weichen sie doch zugleich in einigen entscheidenden Merkmalen voneinander ab. Nicht alle weisen ausgeprägte

Die in der französischen Haute-Garonne gefundene Venus von Lespugue ist aus dem Stoßzahn eines Mammuts geschnitten.
Die Abbildung zeigt eine restaurierte Kopie aus der Sammlung von Dr. Paul Bahn, da das Original starke Beschädigungen aufweist.
Höhe 14,7 cm, 27 000 bis 16 000 v. Chr.
(Musée de l'Homme, Paris)

Gesäßbacken, übertrieben große Brüste oder eine deutlich sichtbare Vulva auf.

Die vielleicht interessanteste Venus wurde am 9. August 1922 in der Haute Garonne entdeckt. Die in Lespugue gefundene Skulptur ist 14,7 cm groß (s. Abb. S. 11)und aus dem Stoßzahn eines Mammuts geschnitten. Trotz der starken Beschädigungen, die sie aufweist, sind die Fruchtbarkeitssymbole der Figur, die in ihrer Ausformung erstaunlich modern anmutet, deutlich zu erkennen. Ihr Gesicht, vor dem hauchdünne, mit bloßem Auge kaum sichtbare Linien einen Schleier anzudeuten scheinen, ist nicht zu erkennen. Weitere Linien, die vom Nacken zum Gesäß verlaufen, weisen auf ein Kleidungsstück hin, ein äußerst seltenes Attribut bei diesen Venusfigürchen.

Die Beine der Statuette von Lespugue laufen nach unten in einem Punkt zusammen, so daß die Figur in den Boden gesteckt werden konnte. Da sie unter weiteren Artefakten aus verschiedenen Epochen gefunden wurde, ist ihr ursprünglicher Standort in der Höhle nicht mehr nachzuvollziehen. Einige Rückschlüsse über ihre Funktion lassen sich jedoch aus dem Vergleich mit einer ähnlichen Statuette ziehen, die – offenbar völlig unberührt – in einer Höhle in Rußland gefunden wurde. Diese Figur steckte aufrecht in einem kleinen Erdhügel, der von zwei tierischen Schulterblattknochen, die zu einem Dach aufgestellt worden waren, geschützt wurde. Es ist möglich, daß die Figur Teil eines Ritus war, mit dem die Fruchtbarkeit des Bodens oder der in der Höhle lebenden Frauen beschworen werden sollte.

Ein breites, gebärfreudiges Becken war für die Menschen der letzten Eiszeit offensichtlich ein Symbol für die vollkommene Frau in ihrer Rolle als Mutter, große Brüste garantierten eine ausreichende Versorgung der Kinder mit Milch. Die Vorstellungen davon, was schön ist, unterliegen einem steten Wandel, und so mag das Schönheitsideal der Frühmenschen für uns, die wir Jahrtausende später leben, nur schwer nachvollziehbar sein. Es besteht kein Zweifel, daß große Brüste heute (wie auch in vorgeschichtlicher Zeit) weitaus mehr Bewunderung hervorrufen als beispielsweie bei den alten Ägyptern oder Griechen: Vielleicht waren die Venusfigürchen für den Höhlenmenschen damals so etwas wie die Pin-ups im Playboy heutzutage. Doch vor allem scheinen sie ein Symbol für das Weibliche als Ursprung des Lebens zu sein.

Interessant ist überdies, daß viele dieser Venusfiguren aus der gleichen Zeit stammen wie die faszinierenden Höhlenmalereien, auf denen fast ausschließlich Tiere dargestellt sind. Die Tatsache, daß sich in diesen Bildern kaum je Frauengestalten finden, kann als weiteres Indiz für deren symbolisch-religiöse Bedeutung gewertet werden. Auch Darstellungen von Männern sind selten und weisen anstelle von menschlichen häufig Tierköpfe auf, was darauf hinweisen könnte, daß es sich bei den betreffenden Personen um Schamanen handelte. Die Höhlen waren Schutzraum und religiöse Kultstätte zugleich. Ihr Inneres, einem Mutterleib ähnlich, konnte ebenso eine Art Sanktuarium gewesen sein als auch – darauf deuten die Höhlenmalereien hin – ein geheimer Ort, an dem sich möglicherweise junge Jäger im Beisein eines Führers oder Schamanen den „rites de passage“ oder Initiationsriten unterziehen mußten.

Im berühmten Höhlenkomplex von Lascaux im Südwesten Frankreichs finden sich zahlreiche hervorragende Tierdarstellungen. Die wohl erstaunlichste Malerei wurde in einem – heute der Öffentlichkeit unzugänglichen – Schacht entdeckt, der nur über einen äußerst beschwerlichen und gefährlichen Abstieg zu erreichen ist. Die dort vorzufindende Malerei zeigt einen riesigen Wisentbullen, dessen Anus und

RECHTE SEITE: Venus von Laussel (Dép. Dordogne). Frankreich, 54 x 36 cm, 22 000 bis 18 000 v. Chr. (Musée d'Aquitaine, Frankreich)

UNTEN: Dreibrüstige Statuette aus Brassempouy (Dép. Landes), Frankreich. Die rechte Figur mit Phallus wurde ebenfalls an diesem Fundort entdeckt. (Musée des Antiquités Nationales, St. Germain, Frankreich)

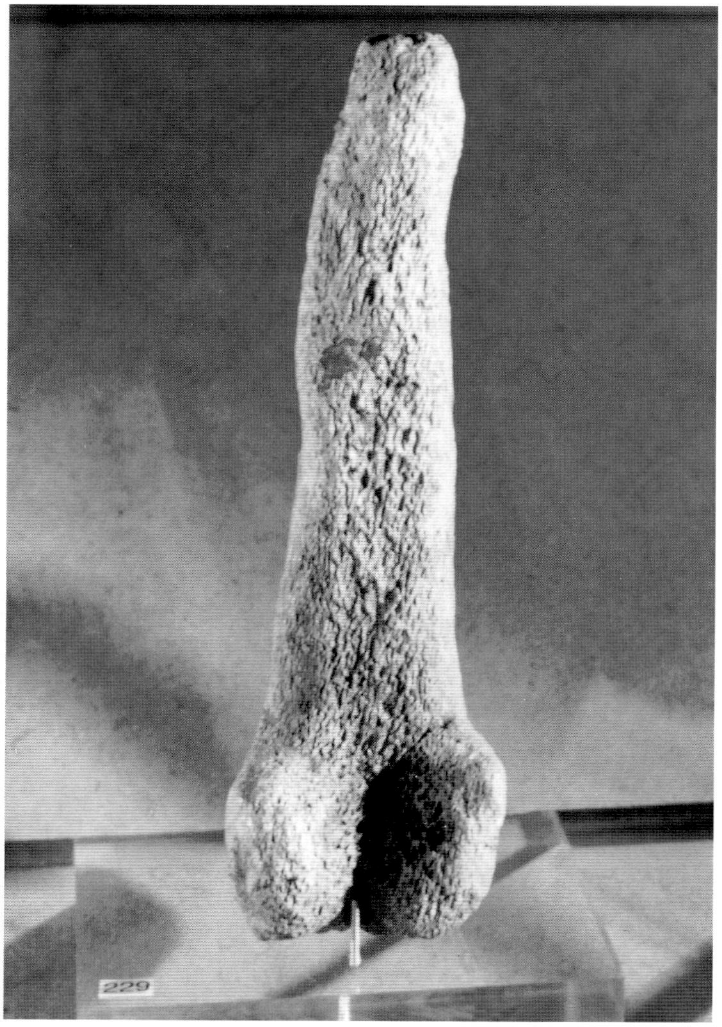

OBEN: Aus dem Stoßzahn eines Mammuts geschnittener Phallus aus dem Magdalénien, gefunden in Isturitz (Dép. Adour). Frankreich, 15 000 bis 10 000 v. Chr.
OBEN RECHTS: Kalksteinphallus aus Mas-d'Azil. Frankreich, 15 000 bis 10 000 v. Chr. (Musée des Antiquités Nationales, St. Germain, Frankreich)

Sexualorgan von einem Speer durchbohrt zu werden scheinen. Vor dem Tier liegt ein Mann mit einem Vogelkopf und erigiertem Penis. Einige Forscher mutmaßen, daß es sich bei der Figur des Mannes um die Darstellung eines Schamanen oder Zauberpriesters handeln könnte. Wenn man bedenkt, daß sich diese Wandmalerei nur mit Hilfe einer Lichtquelle betrachten läßt, die in diese Tiefen der Höhle zu transportieren nicht einfach gewesen sein dürfte, könnte man daraus schließen, daß bereits der Abstieg in diesen Raum Teil eines Initiationsritus für Schamanen darstellte.

Die Bedeutung des erigierten Phallus in der Höhle von Lascaux bleibt ungeklärt, wenn auch mit einiger Sicherheit davon auszugehen ist, daß sie religiös-symbolischer Natur ist. Ähnlich dürfte es sich bei den beiden Phallusskulpturen aus dem Magdalénien (ca. 15 000 bis 10 000 v. Chr.) verhalten. Der aus Elfenbein geschnitzte Phallus (s. oben) stammt aus Isturitz am Fuß der Pyrenäen, der aus Kalkstein gefertigte Phallus mit Hoden aus dem etwa dreihundert Kilometer weiter östlich gelegenen Mas d'Azil. Einer in jüngster Zeit aufgestellten Theorie zufolge erschöpfte sich allerdings die Symbolkraft dieser Artefakte in ihrer Funktion als „Dildo"!

Einige frühe, nach dem Ersten Weltkrieg erschienene Publikationen vermitteln den Eindruck, als seien die Höhlenbewohner Südwestfrankreichs in der Zeit des sogenannten

Aurignacien geradezu sexbesessen gewesen. Diese Interpretationen gehen vor allem auf das Wirken des Abbé Breuil zurück, der in den Spalten, die die Wände der Höhlen der Region zieren, ausnahmslos Vulven zu erkennen glaubte. Abbé Breuil war zu Rate gezogen worden, um die Grotte von Lascaux, die im September 1940 von zwei Knaben entdeckt worden war, zu untersuchen. Die Wandmalereien, die er dort vorfand, nannte er „das Versailles der Vorgeschichte". Deren Deutung durch den Abbé wurde jedoch vor kurzem von Dr. Paul Bahn in Frage gestellt. Bahn vertritt die Ansicht, Breuil sei als Geistlicher befangen gewesen und habe einseitig geurteilt, als er beispielsweise selbst im Motiv des Fischschwanzes das weibliche Sexualorgan zu erkennen glaubte. Es ist zwar nicht zu leugnen, daß einige dieser Darstellungen, wie auch das an einem Höhleneingang in der Dordogne gefundene Bild (s. unten), das aus der Zeit um 30 000 bis 25 000 v. Chr. stammt, durchaus Ähnlichkeit mit einer Vulva haben. Doch Bahn weist darauf hin, daß das Motiv der Vulva in der Kunst des Paläolithikums signifikant selten anzutreffen ist und „sich selbst bei den Venusfigürchen, die häufig als Beweis für ein starkes Interesse an der weiblichen Sexualität gesehen wurden, überraschenderweise kaum findet; nur bei wenigen dieser Figuren ist das Schamdreieck deutlich markiert, und nur ganz selten weisen Statuetten tatsächlich eine Schamspalte auf."

Vulvaähnliche Darstellung aus einer Höhle in Sergeac (Dép. Dordogne). Frankreich, 30 000 bis 25 000 v. Chr. (Musée des Antiquités Nationales, St. Germain, Frankreich)

Auch Kopulationsdarstellungen sind äußerst selten. Eine derartige Szene könnte die Wandmalerei in einer Höhle im ebenfalls in der Dordogne gelegenen Laussel darstellen. Die Franzosen haben sie „La carte à jouer" (Spielkarte) getauft, da das Bild wie bei einer Spielkarte in zwei beinahe spiegelgleiche Hälften aufgeteilt ist. Zwar ist in der unteren Bildhälfte deutlich die Gestalt einer Frau zu erkennen, doch ob hier tatsächlich der Vollzug eines Geschlechtsaktes – dessen Darstellung über alle Zeiten hinweg Künstler vor enorme Schwierigkeiten gestellt hat – wiedergegeben werden sollte, kann mit letzter Sicherheit nicht gesagt werden.

Wie die Mitglieder einiger erst kürzlich im Regenwald entdeckten Eingeborenenstämme, haben möglicherweise auch die Frühmenschen den Geschlechtsakt nicht mit der neun Monate später stattfindenden Geburt eines Kindes in Verbindung gebracht. In ihrer

„La carte à jouer" (Spielkarte). Dordogne, Frankreich (Musée d'Aquitaine, Frankreich)

Vorstellung waren ausschließlich die Frauen für das Entstehen neuen Lebens verantwortlich und daher als Mütter des menschlichen Geschlechts anzusehen.

Am Eingang der Höhle von Laussel findet sich eine weitere außerordentlich interessante Darstellung: die „Frau mit Bisonhorn" (s. Abb. S. 13), die auf die Zeit zwischen 22 000 und 18 000 v. Chr. datiert wird. Anne Baring und Jules Cashford liefern in ihrem hervorragenden Buch „Der Mythos der Göttin" eine Interpretation dieser in Kalkstein geschnittenen Venusgestalt, die „in der rechten Hand das Horn eines Bisons hält, halbkreisförmig wie die Mondsichel, auf dem die dreizehn Tage des zunehmenden Mondes und die dreizehn Monate des Mondjahres als Kerben eingegraben sind. Mit der linken Hand weist sie auf ihren runden Bauch und stellt damit eine Verbindung zwischen zunehmendem Mond und der Fruchtbarkeit des menschlichen Leibes her."

Bis zur Zeit um Christi Geburt war der Mond, das Symbol der Wiedergeburt und des weiblichen Zyklus, im Mittelmeerraum ein Sinnbild der Göttin der Liebe, wie auch das hier

Aphrodite mit Halbmond. Eine der vielen Tafeln, die für das „Sebasteion" angefertigt wurden, ein mit hohen Säulen umgebenes Ehrenmal, das zu Ehren des römischen Kaisers Caesar Augustus (griech. Sebastos) und seiner Nachfolger aus den Familien der Julier und Claudier errichtet wurde. Marmorrelief, Aphrodisias (Stadt der Aphrodite, Türkei), um 25 v. Chr.

RECHTS UND UNTEN: Relief eines Mannes und einer Frau. Felsstück in Chadyr, nahe der Ukok-Hochebene (Altai-Gebirge) in Rußland. 80 cm breit und 120 cm hoch, vermutlich Bronzezeit. Die Zeichnung unten verdeutlicht die Ausführung der Figuren.

abgebildete Marmorrelief zeigt (s. Abb. S. 17): Aphrodite, die griechische Liebesgöttin, wird mit einer Mondsichel im Hintergrund dargestellt.

Bis zur 5000 Jahre nach dem Paläolithikum beginnenden Bronzezeit sind uns keine Darstellungen bekannt, auf denen Männer, Frauen und Kinder gemeinsam zu sehen sind. Und auch später sind solche Szenen nur äußerst selten anzutreffen. Im norwegischen Alta hat man zwar in den Fels geschnittene Reliefs entdeckt, die Erwachsene und Kinder abzubilden scheinen, doch möglicherweise sollten die größeren Figuren auch einfach nur Menschen mit höherem Rang darstellen. Das in einem entlegenen Tal des südlichen Altai-Gebirges von dem russischen Forscher Dimitri Cheremisin vor kurzem gefundene Felsenzeichnung aus der Bronzezeit (etwa 3000 v. Chr.) ist in dieser Hinsicht eindeutiger (s. links): Hand in Hand stehen ein Mann und eine Frau beieinander. Die Frau scheint ein – möglicherweise noch ungeborenes – Kind zwischen ihren Schenkeln zu tragen.

Nach ihrem Fundort wird dieses Relief als „Familie von Chadyr" bezeichnet. „Chady" bedeutet in den alten Sprachen dieser Region „Unterkunft", was darauf hinweisen könnte, daß sich dort vor 5000 Jahren ein Siedlungsplatz befand. Dimitri Cheremisin widmete sich der Frage, ob es sich lediglich um die Darstellung einer ganz gewöhnlichen Familie unserer fernen Vorfahren handelt, oder ob es mythologische Archetypen sind, die für eine umfassendere Idee stehen. Er kam zu dem Schluß, daß der Künstler nichts anderes darstellen wollte als Liebe.

Die Erbauer der Megalithfelder

Fast zeitgleich mit der Entstehung dieses Felsenreliefs begann die Arbeit an einem der größten Megalithfelder der Welt – Stonehenge im Süden Englands. Erst vor kurzem ist es gelungen, mit Hilfe der Radiokarbondatierung das Alter der Menhire wissenschaftlich genau zu bestimmen. Ging man ursprünglich noch davon aus, daß die Aushebung des äußeren Grabens Hunderte von Jahren gedauert haben muß, stellte sich nun heraus, daß die Bauzeit nicht mehr als fünfzig Jahre betragen haben kann. Die Menschen haben seinerzeit also in einer weitaus strukturierteren und geordneteren Gesellschaft gelebt, als man bisher angenommen hat. Die riesigen Felsbrocken wurden um 2600 v. Chr. aus Wales herantransportiert, zur selben Zeit, in der man in Ägypten mit dem Bau der ersten Pyramiden begann.

Neueren Theorien zufolge hing die Errichtung von Stonehenge mit der Verehrung einer die Mutter Erde verkörpernden Göttin zusammen. Mit Sicherheit können wir sagen, daß die Menhire für astronomische Beobachtungen eingesetzt wurden. Mit ihrer Hilfe ließen sich unter anderem Mondphasen und -finsternisse vorhersagen. Und der Mond ist, wie bereits oben erwähnt, eines der ältesten Attribute der Muttergöttin.

Silbury Hill, fotografiert vom Findling am Eingang des Hügelgrabs von West Kennet Long Barrow, aus einer Entfernung von etwa 1,5 km. Der von Menschenhand aufgeschüttete Hügel von Silbury weist bei einer Höhe von etwa 35 m eine Grundfläche von etwa zwei Hektar auf. Bei Avebury, Wiltshire, Südengland, ca. 2500 v. Chr.

RECHTS: Das Hügelgrab von West Kennet Long Barrow. Blick aus dem Innern durch den Eingang nach Osten. Die Tatsache, daß im Winter durch diese Öffnung die Sonne in den Grabraum eindrang, war wahrscheinlich integraler Bestandteil eines Rituals, das zur Zeit der Wintersonnenwende abgehalten wurde. Mit einer Länge von 103,5 Meter ist West Kennet Long das größte Hügelgrab Englands. Bei Ausgrabungsarbeiten wurden dort 1995 zwanzig menschliche Skelette aus dem Neolithikum gefunden. Bei Avebury, Wiltshire, Südengland, ca. 2 500 v. Chr.

OBEN: Der Riese von Cerne Abbas ist etwa 55 Meter lang; das umgrenzte Areal zu Füßen des Riesen ist unter dem Namen „Frying-Pan“ (Bratpfanne) oder „Ring“ bekannt und war Schauplatz ritueller Tänze. Cerne Abbas, Dorset, England.

Auch Silbury Hill (s. Abb. S. 19) entstand zu dieser Zeit. Dieses Monument aus dem Neolithikum ist der größte von Menschen aufgeschüttete Hügel in Europa. Nach umfangreicher Forschungsarbeit kam Michael Dames zu dem Schluß, daß der riesige, Fruchtbarkeit verheißende Erdhaufen die große Göttin selbst darstellen soll. Seine Umrisse sind Dames zufolge auf die Reflexionen des Mondes auf der Wasseroberfläche eines Sees zurückzuführen, der sich nur etwa alle zwei Jahre auf geheimnisvolle Weise füllt und das Monument umgibt. Um diese Anlage zu vollenden, müssen nach wissenschaftlichen Berechnungen vierhundert Menschen über einen Zeitraum von zehn Jahren täglich zehn Stunden daran gearbeitet haben! Da die frühen Baumeister die Anlage mit Mauern aus Kreidefelsen verstärkten, dürfte der Hügel wie eine leuchtend weiße Pyramide gewirkt haben. Von einem Zirkel riesiger Megalithen nahe bei Avebury, die das in seiner Mitte sich vorwitzig erhebende Dorf Wiltshire wie Spielzeug wirken lassen, führt eine lange Steinallee nach Silbury. Denkbar ist, daß diese Steinallee für Prozessionen nach Silbury Hill genutzt wurde, um auf dem Gipfel des Hügels eine nicht weiter bekannte Zeremonie für die Göttin durchzuführen.

Dr. George Meaden ist zwar kein Anhänger dieser Theorie, doch auch er ist davon überzeugt, daß der Hügel von Menschenhand geschaffen wurde und der „Muttergöttin“ geweiht war. Meaden hat eine andere Erklärung: Seiner Ansicht nach spielten für den frühen Menschen scheinbar göttliche Naturphänomene wie Blitze, Stürme und Wirbelwinde eine große Rolle. Ein Wirbelsturm könnte ihnen daher wie ein vom Himmel gesandter Strahl erschienen sein, der auf die Erde trifft und dabei einen kreisförmigen Abdruck hinterläßt. Dieser Strahl wurde Meaden zufolge von den Frühmenschen als Phallus interpretiert, der die Erdgöttin befruchtet. Da die Menschen zu dieser Zeit bereits Ackerbauern waren, könnte ein solches Ereignis also durchaus auch in einem Getreidefeld einen Kreis hinterlassen haben.

Der Ort der „göttlichen Befruchtung“, an dem der Himmelsgott sich in Liebe mit der

Erdgöttin vereinte, wurde als heilig angesehen und durch Holzpfosten abgegrenzt, die später durch aufrecht stehende Steine ersetzt wurden – so lautet eine Erklärung für die Entstehung der Steinzirkel als „heilige Stätten". Allem Anschein nach waren sich die frühen Menschen der Erde als eines lebenden Organismus weitaus bewußter, als wir dies heute sind. Für die ältesten Religionen war „die Erde" weiblich, ebenso wie auch in vielen heutigen Sprachen das Genus des Wortes Erde feminin ist. Die Erdgöttin hatte im Zeitalter des erwachenden sozialen Bewußtseins der menschlichen Rasse den Rang des obersten Wesens inne. Mit dem Ende der Bronzezeit allerdings wird in den meisten Gesellschaften die über allem stehende Göttin durch einen männlichen Gott abgelöst – an die Stelle des empfangenden Leibes der Mutter tritt der Phallus des aggressiven, oft kriegerischen Mannes.

Nirgendwo offenbart sich dieses neue Bild vom phallischen, kriegerischen Mann überzeugender als auf den oberhalb des kleinen Dorfes Cerne Abbas im englischen Dorset aufragenden Kreidefelsen. Der Phallus des dort in den Felsen gemeißelten Riesen von Cerne Abbas (s. Abb. S. 20) ist mit seinen acht Metern der längste der Vorgeschichte! Einige Wissenschaftler mutmaßen, daß die Keule, die der Riese schwingt, später von den Römern hinzugefügt wurde, um ihn in ihren Helden Herkules zu verwandeln. Die Frage, ob nicht sogar das ganze Felsbild aus römischer Zeit stammt, wird von der Wissenschaft zur Zeit noch diskutiert. Fest steht jedoch, daß im Laufe der Jahrhunderte viele kinderlose Paare zu dem Riesen pilgerten, um eine Nacht auf seinem Penis zu verbringen. Bis heute geht von ihm eine mythische Anziehungskraft aus: Der Marquis von Bath, dessen erste Ehe bereits kinderlos geblieben war, pilgerte mit seiner zweiten Frau Virginia zu jenem Riesen von Cerne Abbas. Das alte heidnische Ritual erwies sich als wirkungsvoll – neun Monate später gebar die Marquise eine Tochter, der sie den Namen Sylvie Cerne gab.

Teilansicht der Steinkreisanlage von Avebury. Mit ihrer Ausdehnung über gut 11 Hektar und einem ursprünglich 17 Meter hohen Wall zählt Avebury zu den größten prähistorischen Anlagen Europas. Avebury, Wiltshire, Südengland.

2 *Die Erfindung der Schrift – Normen und Konventionen des Sexualverhaltens*

RECHTE SEITE: Torweg zu einem mesopotamischen Palast mit steinernen Wächtern in Gestalt geflügelter Stiere mit Menschenköpfen. (Louvre, Paris)

UNTEN: Detailansicht einer Stele mit Kodizes König Hammurabis von Babylon aus der Zeit um 1750 v. Chr., in Akkadisch geschrieben, einer stark durch das Sumerische beeinflußten semitischen Sprache. Die Texte der Stele enthalten Bestimmungen zu Fragen des Eigentums, der gesellschaftlichen Klassen, der Heiratsregeln, des Sexualverhaltens und des Strafrechts. 1901 in Susa von dem französischen Assyriologen Jean Vincent Scheil entdeckt, befindet sich die Stele heute im Louvre.

Mit der Erfindung der Keilschrift um 3100 v. Chr. in Mesopotamien, dem Gebiet des heutigen Irak, unternahm die Menschheit den ersten entscheidenden Schritt auf dem Weg zur modernen Zivilisation. Die schriftlichen Zeugnisse, die aus dieser Zeit überliefert sind, geben erstmals in der Geschichte nicht nur detaillierten Aufschluß darüber, wie die Menschen ihr Leben und ihren Alltag organisierten, sondern auch, wie sie über ihre eigene Vergangenheit dachten: Die Mythen über die Erschaffung der Welt und das Wirken der Götter spiegeln die Bemühungen der Menschen wider, ihre Sexualität, das Wunder der Geburt und ihre Furcht vor dem Tod begreifbar zu machen. Doch diese frühen Texte, zum Beispiel die ausführlichen Listen über die Bestände der Lagerräume eines Palastes oder die ersten schriftlich ausformulierten Heiratsverträge, vermitteln uns auch konkrete Fakten zum Alltag der Menschen.

Mit der Errichtung großer Städte und der Weiterentwicklung des Ackerbaus wandelte sich auch die Rolle der Frau, der im öffentlichen Leben eine immer geringere Bedeutung zukam. Zu dieser Zeit war es Frauen allerdings noch gestattet, mehr als einen Mann zu haben; ein Recht, das noch aus der Bronzezeit herrührte. Erst etwa 800 Jahre nach Erfindung der Schrift setzte der babylonische König Urukagina der Vielmännerei (Polyandrie) ein Ende. Hier liegen die Wurzeln für die traditionelle Rolle der Frau als Mutter und, im wahrsten Sinne des Wortes, als „Hausfrau", die zunehmend zur Norm wurde, je weniger Einfluß Frauen außerhalb des Hauses hatten.

Parallel zu dieser Entwicklung wurde auch die weibliche Gottheit allmählich durch eine männliche ersetzt und der babylonische Schöpfungsmythos „umgeschrieben". Während die Erschaffung des Universums ursprünglich der

Das Relief an der Spitze der Stele aus schwarzem Basalt zeigt König Hammurabi von Babylon, in der rechten Hand eine Rolle der von ihm erlassenen Gesetzestexte. Die für die damalige Zeit äußerst fortschrittlichen Kodizes verboten Familienfehden, Blutrache sowie die durch eine Entführung der Frau erzwungene Heirat und erlaubten es einer unfruchtbaren Frau sogar, ihrem Ehemann auf legalem Wege eine Dienerin zuzuführen, die seine Kinder austrug. (Louvre, Paris)

Göttin Nammu zugeschrieben wird, fordert nun Marduk, der mächtigste der männlichen Götter, Nammu zum Kampf auf, tötet sie durch einen Blitzschlag, der ihren Körper in zwei Teile spaltet, und erschafft aus einer der Hälften den Himmel. Die Schöpfung wird somit zu einem männlich dominierten Ereignis.

Die Stellung der Frau in der neuen Gesellschaftsordnung wird in Form von Gesetzen zum ersten Mal von dem babylonischen König Hammurabi (1728–1686 v. Chr.) niedergelegt. Die Basaltstele mit den eingravierten Kodizes befindet sich heute im Pariser Louvre. Von den insgesamt 282 Gesetzen beziehen sich 57 auf die Ehe und sexuelle Verhaltensnormen. So muß zum Beispiel eine „Frau, deren Schoß unfruchtbar bleibt, ihrem Mann eine andere Frau zuführen, auf daß sie Kinder von ihm gebärt" (s. Abb. S. 22).

Ehen wurden prinzipiell von den Eltern arrangiert. Lediglich das Gesetz 156 deutet an, daß unter bestimmten Umständen auch eine Liebesheirat möglich war: „Wenn ein Vater seinen Sohn mit einer Braut verlobt und der Vater bereits zwischen ihren Brüsten gelegen hat, so soll er eine halbe ‚mina' Silber zahlen und alles, was sie aus dem Haus ihres Vaters mitgebracht hat, zurückgeben, auf daß sie sich mit dem Mann ihres Herzens vermählen kann." Doch im großen und ganzen scheint der Liebe bei der Eheschließung keine Bedeutung eingeräumt worden zu sein.

Dafür spielte im Tempel der Liebesgöttin Ischtar in Sumer die Attraktivität eine um so größere Rolle, wie der griechische Geschichtsschreiber Herodot berichtet:

„Nun aber kommt der häßlichste Brauch bei den Babyloniern. Jede Frau aus dem Lande muß sich einmal in ihrem Leben in das Heiligtum der Aphrodite setzen und einem Fremden preisgeben. Viele, die sich mit den andern Weibern nicht gemein machen wollen, weil sie sich auf ihren Reichtum etwas einbilden, fahren in verdecktem Wagen zum Heiligtum und nehmen so Aufstellung, und eine große Dienerschaft folgt ihnen nach. Die meisten aber machen's so: Sie setzen sich hin im heiligen Bezirk der Aphrodite und haben einen Kranz von Stricken um den Kopf [...].

Schnurgerade Gassen ziehen sich in allen Richtungen durch die Weiber, und auf ihnen gehen die fremden Männer hin und her und suchen sich eine aus. Wenn sich eine Frau erst einmal dort niedergelassen hat, darf sie nicht eher nach Hause, als bis ihr einer der Fremden Geld in den Schoß geworfen und sie außerhalb des Heiligtums beschlafen hat. [...] Das Geld nun kann viel sein oder wenig; sie wird's nämlich nicht zurückweisen, denn das darf sie nicht, denn das Geld ist geweiht. [...] Die nun hübsch aussehen und stattlich sind, können bald wieder gehen, die

Dieses Relief zeigt von Assyrern gefangengenommene babylonische oder chaldäische Frauen in einem Lager. Nordpalast von Ninive, um 645–635 v. Chr. (British Museum, London, Nr. WA 134386)

Die Radierung von Suzy Miles zeigt die Göttin Aphrodite mit ihren wichtigsten Attributen, dem umgedrehten Halbmond auf der Brust und dem Abendstern auf dem Kopfschmuck. Die Originalbüste aus dem 2. Jh. v. Chr. schmückte die Fassade des Theaters von Aphrodisias, der Stadt der Aphrodite (heute Türkei).

Häßlichen aber müssen lange Zeit dableiben, weil sie das Gesetz nicht erfüllen können; ja manche warten wohl drei und vier Jahre."

Auffällig ist, daß Herodot, der seinen Bericht um das Jahr 450 v. Chr. verfaßte, diesen Brauch „häßlich" nennt. Er hatte offenbar keinen Bezug mehr zu der Vorstellung von Sex als heiliger Handlung. Dies erstaunt um so mehr, als es auch noch zu Lebzeiten Herodots zahlreiche Tempelprostituierte gab, die der griechischen Liebesgöttin Aphrodite huldigten, vor allem in der belebten Hafenstadt Korinth. Doch vielleicht war auch ihnen nicht mehr bewußt, welche Bedeutung der geschlechtlichen Liebe als heilige Opferhandlung zukam.

Diese Praxis und die dahinter stehenden Vorstellungen sind für uns heute nur noch schwer nachvollziehbar. Man muß dabei berücksichtigen, daß die Göttin der sinnlichen Liebe und Erneuerung zugleich auch die helfende und sorgende „Mutter" war, die auch Fruchtbarkeit verlieh. In ihr vereinten sich Jungfräulichkeit und Erfüllung, Mutter und Prostituierte. Diese Dualität spiegelt sich auch in der Zu- und Abnahme des Mondes wider, dem der Liebesgöttin im gesamten Mittelmeerraum zugeordneten Symbol.

Nördlich Babyloniens, in Mesopotamien, lag das Reich der Hethiter, deren Schrift sich nahezu vollkommen autonom entwickelte und der früheste Beleg für die indoeuropäischen Sprachen ist. Die Verwandtschaft einzelner Begriffe läßt sich auch für den Laien nachvollziehen: So klingt das hethitische Wort „kardi" (das Herz betreffend) im lateinischen „cordi" an, „kuis" (als Fragewort „wo?") im lateinischen „quis".

Zu den ältesten Fundstücken zählen die aus der Stadt Boğazkale stammenden Tafeln. Unberührt von den Touristenströmen, haben sich auf der anatolischen Hochebene bei Boğazkale die Ruinen von Hattusa, der Hauptstadt des Hethiterreiches, erhalten. Unweit der Stadt befindet sich auch die geheiligte Stätte Yazılıkaya. In einem nur schwer zugänglichen Gebirgstal gelegen, sind die Reliefs der wichtigsten Götter und Göttinnen noch immer auf den Felsen zu erkennen. Fremde Götter wurden von den Hethitern nicht als Feinde oder Rivalen angesehen, sondern in den eigenen Pantheon aufgenommen, um sich ihre Macht und Wirksamkeit zunutze zu machen.

Diese Form der Toleranz spiegelt sich auch in den Moralvorstellungen der Hethiter wider. Die Haltung gegenüber dem menschlichen Leben war von Würde geprägt und hatte in gewisser Weise aufgeklärten Charakter. Die Todesstrafe wurde nur selten verhängt, und zwar bei schwerwiegenden Verbrechen gegen den Staat, in Fällen von Inzest und wegen der folgenden Delikte:

„Wenn ein Mann einer Frau in den Bergen beischläft, die nicht sein Weib ist, soll er mit dem Tod bestraft werden.
Wenn ein Mann einem Stück Vieh beischläft, so soll er mit dem Tod bestraft werden.
Wenn ein Mann einem Schaf beischläft, so soll er mit dem Tod bestraft werden.
Wenn einer einem Schwein beischläft, so soll er mit dem Tod bestraft werden.
Wenn ein Mann einem Pferd oder Maulesel beischläft, so soll er keine Strafe erleiden.
Wenn ein Ochse einen Mann anspringt, so soll der Ochse sterben, der Mann jedoch nicht. Ein Schaf soll statt seiner geopfert werden, auf daß sie das Tier und nicht den Menschen töten.
Wenn ein Schwein einen Mann anspringt, so soll keiner Strafe leiden."

Die Regel, daß weder der Mensch, der einem Pferd oder Maulesel beischläft, noch das Tier selbst bestraft werden, geht wahrscheinlich auf noch ältere indoeuropäische Völker zurück, für die das Pferd ein heiliges Tier war, dem Opfer dargebracht wurden. Erfreulich auch der Umstand, daß Tier und Mensch unbestraft bleiben, selbst wenn das Schwein „einen Mann anspringt"!

Eine weitere Ansicht des Reliefs von Seite 25. (British Museum, London, Nr. WA 124919)

Der Monotheismus des Auserwählten Volkes

Kaum vierhundert Kilometer südlich von Babylon liegt die Stadt Ur, in der Abraham und sein Stamm lebten, bis sie zur Zeit der Gesetze des Königs Hammurabi in das südliche Israel zogen. Anlaß für diesen Exodus war die Aufforderung ihres Gottes Jahwe, im Süden nach einer neuen Heimat zu suchen. Abraham kam dieser Forderung nach und führte seinen Stamm bis nach Hebron in Palästina.

Jahwe, der Gott des Alten Testaments, war der einzige Gott, den die Israeliten anbeteten. Der kriegerische, männliche Gott war alleiniger Herrscher in einem Land, in dem über Jahrtausende hinweg Stammeshäuptlinge um das fruchtbare Land gekämpft hatten.

In den Augen der hebräischen Priester war die Vorstellung eines weiteren Gottes oder der Verbindung des einzigen Gottes Jahwe mit einer Frau oder Göttin undenkbar. Der Glaube an einen einzigen, allmächtigen Gott ließ keinen Spielraum für individuelles Taktieren mit der Gunst der Götter oder weiblichen Einfluß. Eine Verbindung oder auch nur ein Dialog zwischen patriarchalischer und matriarchalischer Weltsicht fand nicht statt. Das Wort Jahwes beziehungsweise der – ausschließlich männlichen – Propheten und Priester, die im Auftrag des Gottes sprachen, war Gesetz.

Die Erschaffung der Welt und der Menschen ist im Judaismus eine rein männliche Angelegenheit. Jahwe formt den ersten Menschen aus dem Staub der Erde, und während Adam schläft, macht er aus einer seiner Rippen eine Frau.

Künstler aller Zeiten hatten offenbar Schwierigkeiten, diese rein männliche und zugleich

Assyrische Truppen verfolgen arabische Krieger. Assyrisches Relief, Nordpalast in Ninive, um 645–635 v. Chr. (British Museum, London, Nr. WA 124925)

jungfräuliche Geburt darzustellen. Die Tatsache, daß an der jüdischen Schöpfungsgeschichte Frauen keinen Anteil haben, gibt sowohl Aufschluß über die Einstellung zur Sexualität als auch den Status der Frau in der hebräischen Gesellschaft.

Der Schöpfungsgeschichte zufolge sagt Adam angesichts der ihm von Jahwe zur Seite gestellten Frau: „Diese ist nun endlich Gebein von meinem Gebein und Fleisch von meinem Fleische. Die soll Männin heissen; denn vom Mann ist sie genommen.“ Und weiter heißt es: „Und die beiden, der Mensch und sein Weib, waren nackt und schämten sich nicht.“

Obgleich Jahwe das Verbot ausgesprochen hat, nicht „von den Früchten des Baumes mitten im Garten“ zu kosten, läßt sich die Frau von der Schlange verführen, ißt von der verbotenen Frucht und gibt auch dem Mann davon. „Da gingen den beiden die Augen auf, und sie wurden gewahr, dass sie nackt waren; und sie hefteten Feigenblätter zusammen und machten sich Schurze.“ Als Jahwe entdeckt, daß die Menschen sein Gebot mißachtet haben, verflucht er die Schlange, während er die Frau dazu verurteilt, nicht nur unter Schmerzen zu gebären, sondern auch der Herrschaft des Mannes zu unterstehen.

Die Vorstellung von der Erbsünde macht aus der Frau die Urheberin für den Sündenfall des Menschen. Sie wird mit der Verführung des Mannes und den Lastern des Fleisches in Verbindung gebracht, und ist somit dafür verantwortlich, daß Leid und Sünde in die Welt kommen. Diese Vorstellung ist für das Frauenbild der Männer in der westlichen Welt von alters her prägend gewesen.

Das patriarchalische System war in der Kultur der Israeliten fest verankert. Zur Zeit König Salomos (965-926 v. Chr.) war Vielweiberei, selbst in großem Ausmaß, nicht ungewöhnlich. Salomo selbst soll siebenhundert Frauen und dreihundert Konkubinen gehabt haben!

Die wohl faszinierendste überlieferte Geschichte über König Salomo handelt von seiner Begegnung mit der legendären Königin von Saba, die zu ihm kommt, um seine Weisheit auf die Probe zu stellen. Mit riesigem Gefolge und einem Troß von mit Gold, Gewürzen und Edelsteinen beladenen Kamelen erreicht sie den Hof Salomos und zeigt sich sowohl vom König als auch von seinem Reichtum beeindruckt. Die Königin kommt aus dem mit Reichtum und Üppigkeit assoziierten Orient und repräsentiert Sinnlichkeit und Exotik. Ihr Treffen mit Salomo wurde deswegen häufig nicht nur als ein Duell des Intellekts, sondern auch als ein Kampf der Geschlechter dargestellt. Im Alten Testament heißt es über ihre Begegnung lediglich: „König Salomo aber gab der Königin von Saba alles, was sie begehrte und erbat."

Die Königin von Saba ist nur eine von vielen Verführerinnen, die im Alten Testament genannt werden wie zum Beispiel Delila und Isebel.

Bei dem Propheten Ezechiel findet sich eine wahre Haßtirade auf Prostituierte oder Huren, die sich gegen das in dieser Textpassage personifizierte Jerusalem und damit gegen seine dekadenten und lasterhaften Einwohner richtet:

„Und es erging an mich das Wort des Herrn: Menschensohn, halte Jerusalem seine Greuel vor und sprich: So spricht Gott der Herr zu Jerusalem [...] An jeder Strassenecke bautest du dir eine Höhe und schändetest du deine Schönheit; du locktest jeden Vorübergehenden an und machtest deiner Buhlerei viel. Du buhltest mit den Söhnen Aegyptens, deinen starkentwickelten Nachbarn, und machtest deiner Buhlerei viel [...] Du warst nicht wie eine gewöhnliche Dirne, du verschmähtest den Buhllohn [...] Allen Dirnen gibt man sonst Lohn; du aber gabst all deinen Buhlern deine Geschenke und bestachest sie, dass sie von überallher zu dir kämen und mit dir buhlten. So geschah bei dir das Widerspiel von dem, was die Weiber sonst treiben [...] Ich will dich richten, wie man Ehebrecherinnen und Mörderinnen richtet."

Sexuelle Ausschweifungen und Abweichungen von der Norm waren unter Androhung der Todesstrafe verboten:

„Wenn einer bei einem Manne liegt, wie man bei einem Weibe liegt, so haben beide einen Greuel verübt. Sie sollen getötet werden; ihr Blut komme über sie! [...] Wenn einer mit einem Tiere Umgang hat, so soll er getötet werden, und auch das Tier sollt ihr umbringen. Wenn ein Weib sich irgendeinem Tiere naht, um sich mit ihm zu begatten, so sollst du das Weib und das Tier umbringen."

Von Hebron aus zieht Abraham auf der Suche nach besserem Weideland weiter nach Ägypten, wo er seine Halbschwester Sarah heiratet. Da sie unfähig ist, ihm Kinder zu schenken, führt sie ihm – darin ganz babylonischen Gepflogenheiten folgend – eine Konkubine zu, und Hagar gebiert Abraham einen Sohn, Ismael. Bald nach ihrer Ankunft in Ägypten werden die Israeliten von den Pharaonen versklavt, doch einige Generationen später kann sich Joseph, ein Nachfahre Abrahams, eine einflußreiche Position am Hof des Pharaos sichern. Es vergehen noch einmal etliche Jahre, in denen Jahwe die sieben Plagen über Ägypten schickt, bis es Moses, dem neuen Führer der Israeliten, gelingt, in einem Massenexodus das Volk aus Ägypten herauszuführen. Nachdem Jahwe zu ihm auf dem Berg Sinai gesprochen hat, läßt er die Bundeslade anfertigen.

Ein Brauch, den die Israeliten von den Ägyptern übernahmen, ist die Beschneidung, die in Ägypten bei heranwachsenden Knaben vorgenommen wurde, wie ein aus der Zeit um 2300 v. Chr. entstandenes Relief in einer Grabkammer zeigt. Während Beschneidungen jedoch keineswegs in allen Regionen Ägyptens vorgenommen wurden, ihre Durchführung also keine Regel darstellte, wurden sie für die Juden zu einem festen Bestandteil ihrer Religion.

3 *Die Ägypter*

Rechte Seite: Säulenkapitelle im Innern des Hathor-Tempels in Dendera, die der Kopf der Göttin ziert. Die Kultstätte der Göttin der Liebe zählt zu den am besten erhaltenen Tempeln Ägyptens. In der Haupthalle sind noch heute 24 weitere mit dem Kopf Hathors geschmückte Säulen zu sehen. Außerdem befand sich auf dem Gelände noch das Laboratorium, in dem man Salben und Parfüms herstellte, und das berühmte Sanatorium, in dem die Kranken mittels Bädern in den geheiligten Wassern des Tempels geheilt wurden.
Unten: Ägyptischer Papyrus aus einem Totenbuch. Die Himmelsgöttin Nut neigt sich über Geb, der seinen eregierten Penis umfaßt, während Schu, der Gott der Luft, Vulva und Lippen Nuts berührt. Der Papyrus entstammt dem Grab des Tempelarchivars der Mut in Theben und wird auf die Zeit der 21. Dynastie, 1000 v. Chr. datiert. (British Museum, London, Nr. 9941, Lavatori 339)

Die gigantischen Pyramiden, die Ehrfurcht gebietende Architektur des alten Ägypten lassen kaum vermuten, daß ihre Erbauer viel Zeit für Liebe und Erotik übrig hatten. Doch entziffert man die zahlreichen Steininschriften und noch erhaltenen Papyri, entdeckt man eine vollkommen andere Welt – eine Welt, die sich bisher nur wenigen erschlossen hat, da die Übersetzungen der meisten Texte aus dem frühen 20. Jahrhundert stammen, einer Zeit, in der auch die Wissenschaft noch weitestgehend von Prüderie bestimmt war. Viele der ägyptischen Grabinschriften und Mythen hielt man für zu anstößig, um sie zu veröffentlichen.

Götter und Göttinnen

Will man ein Volk in seiner historischen Dimension verstehen, sollte man zunächst versuchen, seine Religion zu verstehen. Dem ägyptischen Schöpfungsmythos zufolge erschuf sich der erste der Götter, der Sonnengott Aton, selbst aus der Urmaterie. Daraufhin masturbierte ihn die „göttliche Hand", und sein Samen brachte zwei weitere Götter hervor, Schu, den Gott der Luft, und Tefnet, die Göttin der Feuchtigkeit. Diese Götter wiederum hatten zwei Kinder, Nut, den Himmel, und Geb, die Erde. Auf einem Papyrus, der heute im Besitz des British Museum ist, findet sich eine Darstellung, auf der sich Nut über den erigierten Phallus Gebs beugt. Nut und Geb gebaren vier Kinder – Isis, Osiris, Seth und Nephthys.

Gab es in Ägypten eine Göttin der Liebe? Am nächsten kommt einer solchen Gottheit wohl Hathor, die zuweilen mit dem Kopf einer Kuh, häufiger mit einem menschlichen Kopf dargestellt wird. Immer jedoch trägt sie ein Kuhgehörn und langes, dichtes Haar. Zudem wird sie durch die „göttliche Hand" repräsentiert, eine Elfenbeinklapper in Form eines Händepaars, die in den ihr geweihten Tempeln zur Musik geschlagen wurde.

Auch Isis wird häufig mit einem Kuhgehörn dargestellt. Ihr Kult gelangte bis zu den Griechen und Römern, in Italien wurde sie bis ins 6. Jahrhundert nach Christus verehrt. Dem Mythos zufolge

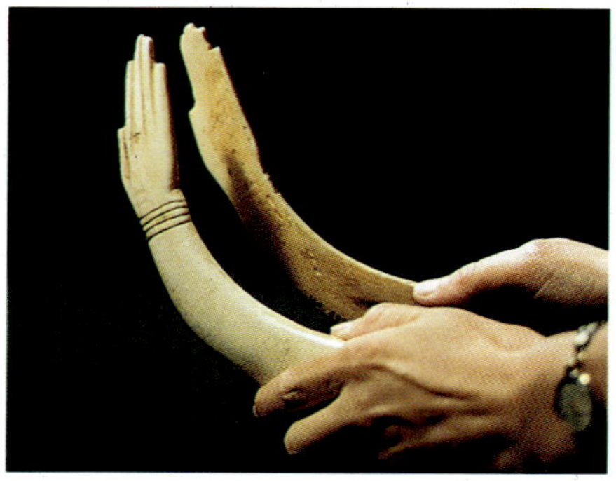

Ganz oben: Decke im Tempel der Hathor in Dendera, an der sich noch Reste der alten Bemalung erhalten haben. Der Ausschnitt zeigt in der unteren Bildhälfte Nut, die in Gestalt einer dünnen, großen Frau (die Füße sind links oben zu erkennen) den Sonnengott Ra aus ihrer Vulva entläßt.

Oben: Elfenbeinklappern, die bei Prozessionen und Ritualen zu Ehren der Liebesgöttin Hathor verwendet wurden. (Petrie Museum, London)

heiratete Isis ihren Bruder Osiris, den Gott der Fruchtbarkeit, und gebar den Horus. Im alten Ägypten, zumindest in den höfischen Kreisen, war es durchaus nicht ungewöhnlich, daß Geschwister die Ehe eingingen. Horus trat die Nachfolge seine Vaters Osiris als „Herr über Ägypten" an und wurde im ganzen Land verehrt. Fast immer mit dem Kopf eines Falken dargestellt, wurde er schließlich der Himmelsgott und löste somit die Göttin Nut ab. (In vielen alten Religionen werden die ursprünglich weiblichen Götter allmählich durch männliche ersetzt.)

Horus gerät schließlich in Streit mit seinem Bruder Seth, dem Gott der Wüste und der Dürre, der Stürme und des Unwetters. Ein auf die Zeit um 1900 v. Chr. datierter Papyrus aus dem Mittleren Reich enthält die einzige uns bekannte Textpassage über Homosexualität aus jener Zeit. Darin wird beschrieben, wie Seth versucht, Horus zu verführen: „Der göttliche Seth sagte zu dem göttlichen Horus, ‚Wie schön ist dein Gesäß, wie voller Leben!'" Und weiter heißt es: „Seth sagte zu Horus: ‚Komm, wir wollen eine angenehme Stunde in meinem Haus verbringen.' Horus antwortete: ‚Mit Vergnügen, mit Vergnügen.' Als es Abend wurde, bereitete man ihnen ein Lager, und sie legten sich nieder. In der Nacht machte Seth seinen Penis steif und führte ihn zwischen die Lenden des Horus. Horus legte seine Hände zwischen die Lenden und empfing den Samen Seths." Horus berichtet seiner Mutter Isis von dem Vorgefallenen, und sie, als seine magische Helferin, weist ihn an, in ein irdenes Gefäß zu ejakulieren, um dann das Sperma über Seths Lieblingsspeise – Lattich – zu gießen. Als Seth den Lattich ißt, dringt das Sperma des Horus in ihn ein, und Seth wird schwanger. Später treten Horus und Seth vor den Gott der Schreibkunst Thoth, den „Herrn der göttlichen Worte", und Seth gesteht, sich Horus gewaltsam genähert zu haben. Thoth befiehlt dem Samen Horus', Seth zu verlassen; das Sperma entweicht in der Form einer goldenen Scheibe, die sich Thoth auf den Kopf legt, um dann sein Urteil zu sprechen: „Horus ist im Recht, Seth im Unrecht." Darüber ist Seth erzürnt und schwört Rache.

Die Sexualität der Pharaonen

Der Pharao war in den Augen der Ägypter ein Gott, der Sohn der höchsten Gottheit Amun-Re und irdische Erscheinung des Himmelsgottes Horus. Er war nicht nur für die Aufrechterhaltung von Recht und Ordnung verantwortlich, sondern auch für das Geschick und Glück des Landes. Da eine der Voraussetzungen dafür ertragreiche Ernten waren, wurde dem Pharao die göttliche Fähigkeit zugeschrieben, auch darüber zu gebieten, daß der Nil einmal im Jahr über seine Ufer trat und das Land überschwemmte.

Um das Eindringen Fremder in den Kreis der königlichen Familie zu verhindern und

Relief an der Südwand des römischen Mammisi (Geburtshaus) in Dendera, auf dem die Göttin Hathor mit ihrem Kind Ihy und dessen Vater Amun zu sehen ist. Dieser vergleichsweise junge Tempel wurde unter Kaiser Trajan errichtet, der damit dem sich wandelnden Hathor-Ritus Rechnung trug.

zugleich den Anspruch der Herrscherdynastie auf den Thron zu sichern, heirateten Pharaonen nicht selten ihre Halbschwestern, zuweilen sogar ihre eigenen Mütter und Schwestern. Viele dieser inzestuösen Verbindungen blieben kinderlos, Totgeburten waren keine Seltenheit; kamen die Kinder jedoch lebend zur Welt, waren es in der Mehrzahl Mädchen. So fiel den Frauen eine besondere Bedeutung zu, manche von ihnen bestiegen sogar als Pharaoninnen den Thron. Die wohl bekannteste und bedeutendste Pharaonin war Königin Hatschepsut (1490–1468). Da die Vorstellung eines weiblichen Herrschers der ägyptischen Tradition fremd war, wurde Hatschepsut als Mann dargestellt und beschrieben, zuweilen sogar mit falschem Bart. Um ihrem Anspruch auf den Thron Nachdruck zu verleihen, gab sie an, eine Tochter Amuns zu sein.

Dazu mußte sie allerdings die Geschichte (bzw. die Mythen) umschreiben und behaupten, Amun habe ihre Mutter Ahmose, Gemahlin des Königs Tuthmosis I., verführt. Hatschepsuts Version der Geschichte, derzufolge Amun die Gestalt Tuthmosis' annahm und in das Schlafgemach ihrer Mutter eindringt, ist auf den Wänden einer Säulenhalle ihres Tempels im oberägyptischen Deir el-Bahari in Bild und Schrift festgehalten:

„Amun fand sie in der Schönheit des Palastes ruhen. Sie erwachte vom Duft des Gottes und lachte vor seiner Majestät. Er ging sofort zu ihr und entbrannte für sie. Er verlor an sie sein Herz. Sie konnte ihn schauen in der Gestalt eines Gottes, nachdem er ihr nahegekommen war.

Sie jauchzte, seine Schönheit zu sehen. Seine Liebe drang in ihre Glieder. [. . .] Die Majestät dieses Gottes tat an ihr alles, was er wünschte. Sie erfreute ihn mit sich und küßte ihn. Sie sprach: ‚Wie herrlich ist es, dein Haupt zu sehen. Du hast Meine Majestät mit deinem Glanz umfangen.‘ Es spricht Amun, der Herr von Karnak zu ihr: ‚Hatschepsut, welche Amun umfängt, ist also der Name dieser meiner Tochter, die ich in deinen Leib gelegt habe [. . .]‘“

Gräber waren für die Ägypter nicht nur Monumente dynastischen Herrschaftsanspruchs, sondern auch der Ort, an dem der Leichnam auf das Leben im Jenseits vorbereitet wurde. Dem mumifizierten Körper mußten – symbolisch – alle Fähigkeiten zurückgegeben werden, die er auch im Leben besessen hatte, vor allem sexuelle Energie. Daher schmückte man die Mumien häufig mit Brustwarzen oder Phalli aus Gold.

In der Großen Pyramide von Gizeh wurde der verstorbene Pharao einem außergewöhnlichen letzten sexuellen Ritus unterzogen, mit dem er seine Pflichten gegenüber der Welt und den Göttern endgültig erfüllte. Der Leichnam wurde vor einem langen Lichtschacht in der Pyramidenwand aufgebahrt, durch den der Stern Sirius am Nachthimmel zu sehen war. Sirius galt als Verkörperung der Göttin Isis, während im Pharao eine Erscheinungsform des Horus gesehen wurde. Um den Fortbestand der Linie der Pharaonen zu gewährleisten, mußte der mumifizierte Leichnam so ausgerichtet werden, daß sein erigierter, in Richtung Sirius weisender Penis die Göttin in genau dem Moment „befruchten“ konnte, in dem der Stern aufging und im Lichtschacht sichtbar wurde. Neuneinhalb Monate später ging dann Sirius auf der

Oben: Grabtempel der Hatschepsut in Deir al-Bahari in einem Talkessel in Theben. Der außergewöhnliche Tempel wurde von Senenmut, dem Architekten der Pharaonin, entworfen. Die Bauzeit betrug acht Jahre. Unklar ist jedoch, ob Hatschepsut hier auch bestattet wurde. Im zweiten Säulengang findet sich die Darstellung der Geschichte ihrer Geburt.

Linke Seite oben: Bronzestatuette der Göttin Isis, die ihren Sohn Horus auf dem Arm hält. (Petrie Museum, London)

Linke Seite unten: Teilansicht einer Wand im Raum der Hatschepsut in Karnak, der von Tuthmosis III. zugemauert wurde. Er versuchte auch, das Zierwerk, das die Figur der Pharaonin umgab, zu zerstören. Zur Linken der in den Stein gemeißelten Figur der Hatschepsut thront der Gott Horus, zu ihrer Rechten Thot.

gegenüberliegenden Seite der Pyramide auf – ein Zeichen für die Wiedergeburt des Gottes und den Bestand der pharaonischen Erbfolge.

Einer der wohl interessantesten Pharaonen war Amenophis IV., der 1378 v. Chr. den Thron bestieg, den Namen seiner Vorväter ablegte und sich gegen alles, wofür sie standen, auflehnte, um unter dem selbst gewählten Namen Echnaton einen religiösen Umbruch einzuleiten. Echnaton setzte sich selbst als „Erster Priester“ des Gottes Aton ein, der entsprechend der von Echnaton im Laufe seiner Regierungszeit durchgesetzten Auffassung den allmächtigen Amun als Reichsgott ablöste. Atons Priester sollten die mächtigsten Ägyptens werden, während sich Echnaton selbst zum einzigen und allmächtigen Gott erklärte und den Namen seiner Väter aus allen Palästen und Tempeln Thebens entfernen ließ.

Doch Echnaton ging noch weiter: Er ließ die Namen aller anderen ägyptischen Götter auslöschen und ihre Tempel schließen – ein aberwitziges Unterfangen, das wohl nur mit Militärgewalt durchzusetzen war. Er integrierte die Hieroglyphe, die für den Gott Aton stand, in die offizielle Schreibweise seines Thronnamens und machte sich zum ersten Gründer einer monotheistischen Religion. Unter seiner Herrschaft zog der Hof von Theben nach Amarna, einer Stadt, die Echnaton gleichsam aus dem Erdboden stampfen ließ. Ein weiteres umfangreiches Bauprojekt verwirklichte er in Karnak, wo die Überreste der kolossalen Statuen von ihm selbst und Königin Nofretete gefunden wurden. Darstellungen des Königs zeigen ihn für gewöhnlich mit aufgeworfenen, feminin wirkenden Lippen, runden Hüften und einem aufgedunsenen Bauch, was einige Ägyptologen zu der Vermutung veranlaßte, Echnaton sei mißgebildet gewesen. Andere glauben dagegen, er habe versucht, einen hermaphroditischen Gott zu verkörpern – in diesem Falle bliebe allerdings ein Rätsel, warum er nicht auch mit Brüsten dargestellt wurde.

Echnatons erste Gemahlin war seine Mutter Teje, die ihm eine Tochter gebar. Eine zweite Ehe ging er mit einer Cousine aus der Familie seiner Mutter ein, der überwältigend schönen Nofretete, deren Büste – heute in Berlin zu sehen – noch immer als ein Beispiel vollkommener Schönheit verstanden werden kann. Mit ihr hatte Echnaton drei Töchter. Allem Anschein nach liebte er seine Frau und Kinder aufrichtig, brach er doch mit einer 2000 Jahre alten Tradition, indem er sich mit ihnen in der Öffentlichkeit zeigte. Seine dritte und vierte Frau – beide nicht mit ihm verwandt – gebaren ihm je einen Sohn. Als fünfte Frau nahm er schließlich eine Tochter, die aus der Verbindung mit Nofretete hervorgegangen war. Thronfolger Echnatons wurde der ältere seiner beiden Söhne, der uns heute vor allem wegen seiner wertvollen Grabbeigaben bekannte Tutanchamun. Die Entdeckung seines Grabes – das einzige Königsgrab aus der Zeit des Neuen Reiches, das nie geplündert oder zerstört wurde – ist dem britischen Archäologen Howard Carter zu verdanken, der 1922 mit finanzieller Unterstützung von Lord Carnarvon Ausgrabungen im Tal der Könige durchführte.

Oben links: Statue des Pharaos Echnaton. Deutlich treten die breiten, feminin wirkenden Hüften hervor. (Cairo Museum)

Ganz oben: Echnaton und Nofretete mit ihren Töchtern. (Cairo Museum)

Oben: In dieser Darstellung des Echnaton wird das eigenartige Profil des Pharaos sichtbar. (Cairo Museum)

Linke Seite: Der Achte Pylon von Karnak wurde unter Königin Hatschepsut errichtet, erfuhr jedoch nach ihrem Tod wesentliche Änderungen. Den Namen Amuns ließ Echnaton entfernen.

Das außergewöhnliche Leben des Echnaton sollte später den Griechen Sophokles zu seinen Ödipusdramen inspirieren. Die Parallelen zwischen beiden Gestalten sind in der Tat kaum zu übersehen: Sowohl Echnaton als auch Ödipus haben eine mystische Begegnung mit einer Sphinx in einer Stadt namens Theben; beiden wird ihr Tod vorausgesagt; beide heiraten ihre Mutter (ein Phänomen, das Sigmund Freud schließlich als „Ödipuskomplex" beschreiben sollte), und beide werden schließlich von ihren eigenen Söhnen entmachtet und ins Exil verbannt.

Das Alltagsleben des Volkes

Die ägyptischen Göttermythen waren Teil einer am Hof kultivierten Staatsreligion, die ihre eigenen Priester, Priesterinnen und reich ausgestatteten Tempel hatte. Die gemeine Öffentlichkeit blieb jedoch von jeder religiösen Zeremonie ausgeschlossen. Dafür hatte das Volk eigene, regional unterschiedliche und mehr persönliche Götter, die einen reichen Nährboden für allerhand Aberglauben boten. Unzählige, auf Papyri festgehaltene Dokumente, die sich aufgrund der günstigen klimatischen Verhältnisse in Ägypten bis heute erhalten haben, vermitteln uns wertvolle Informationen über das Leben und sogar die Gefühlswelt der einfachen Menschen im alten Ägypten. So wissen wir zum Beispiel, daß inzestuöse Verbindungen kein Privileg der Pharaonen waren: Viele Briefe zwischen Eheleuten sind überschrieben mit „Mein lieber Bruder" oder „Geliebte Schwester". Gingen die Wissenschaftler anfänglich noch davon aus, es handele sich hierbei lediglich um eine konventionelle Form der Anrede, so konnte inzwischen

OBEN: Griechische Marmorsphinx aus einem Grab in Korinth, ca. 550 v. Chr. (Archäologisches Museum, Korinth, Griechenland)
RECHTS: Steinrelief eines sich umarmenden Paares aus dem Grab der Königin Mentuhopte II. (Archäologisches Museum, Korinth, Griechenland)

Darstellung zweier Männer und einer Frau, denen von einer Dienerin das Mahl aufgetragen wird. Auffällig ist ihre eigenartige Umarmung. Die Anfertigung dieser Grabstelle wurde von Amenemhet in Auftrag gegeben. Wahrscheinlich 2100 v. Chr. (Cairo Museum)

nachgewiesen werden, daß diese Formulierungen durchaus wörtlich zu nehmen sind. Warum Eheschließungen innerhalb der eigenen Familie, vor allem unter Geschwistern, derart häufig waren, bleibt ein Rätsel; doch soviel scheint klar: Die Ägypter maßen der Stellung der Familie und der Herkunft große Bedeutung bei. Bedenkt man, wie viele verschiedene Rassen und Stämme das Niltal bevölkerten, scheint es durchaus denkbar, daß man glaubte, durch eine inzestuöse Verbindung ließe sich der soziale Status der Familie stärken. Anders als im antiken Griechenland hatten die Frauen in Ägypten das Recht, bei einer Eheschließung für ihre eigenen Interessen einzutreten.

Empfängnisverhütung und außerehelicher Verkehr

Methoden zur Empfängnisverhütung waren bereits im alten Ägypten bekannt; bei einer der ältesten, die im Kahun-Papyrus beschrieben wird, wurde der Kot von Krokodilen zu einer Paste verrührt und wie eine Art Tampon in die Vagina eingeführt. Ein anderes – wie man unschwer einsehen wird – weitaus populäreres Mittel sah die Herstellung eines ähnlichen Tampons aus Honig vor. (Angeblich bediente sich noch 3000 Jahre später die berühmte Filmschauspielerin Mae West dieser Methode.) Laborexperimente haben gezeigt, daß Honig tatsächlich die Wirkung eines leichten Spermizids hat.

Liebe und Sex außerhalb der Ehe wurde einerseits in Affären praktiziert, die durchaus an der Tagesordnung waren, andererseits vor allem durch zwei Institutionen gefördert: durch die Prostitution und durch einige der jährlich stattfindenden Götterfeste. In der Beschreibung seiner Reise nach Ägypten berichtet Herodot, der griechische Entdecker und Geschichtsschreiber des fünften vorchristlichen Jahrhunderts, über ein Fest zu Ehren Hathors, der Göttin

OBEN: Bild tanzender und musizierender junger Frauen aus dem Grab des Nacht in Theben.
RECHTE SEITE OBEN: Terrakottafigur einer Konkubine aus der Zeit um 1500 v. Chr. Auffällig sind die breiten Hüften sowie der übertrieben groß dargestellte Schambereich. Zugleich hat die Figur kleine Brüste und eine aufwendige Haartracht. (Petrie Museum, London)
RECHTE SEITE UNTEN: Eine nur spärlich bekleidete ägyptische Dienerin bei einem Festmahl neben reich mit Früchten und anderen Speisen beladenen Tischen. Ausschnitt aus einer Darstellung im Grab des Nebamun in Theben, ca. 1400 v. Chr. (Petrie Museum, London, Nr. 37986)

der Liebe, das in Bubastis, dem heutigen Tell Basta, südlich von Zagazik, stattfand: „Wenn sie nun zum Fest nach Bubastis ziehen, tun sie folgendes: Männer und Frauen fahren zusammen und auf jedem Kahn eine Menge von beiden. Einige der Frauen haben Klappern bei sich, und damit klappern sie, die Männer aber blasen Flöte, die ganze Fahrt über [...] Und wenn sie auf ihrer Fahrt zu einer anderen Stadt kommen, legen sie mit dem Boot am Ufer an und tun folgendes: Einige Frauen [...] führen einen Tanz auf, andere stehen auf und heben ihre Kleider hoch."

Der Haupttempel der Hathor befand sich in der am linken Nilufer gelegenen Stadt Dendera. Offenbar haben auch Mädchen an den Zeremonien im Tempel teilgenommen. Anhand von Malereien in Grabkammern ist es dem Londoner Petrie Museum gelungen, ein beinahe vollkommen zerstörtes Kleid aus glasierten Perlen zu rekonstruieren, das auf etwa 2400 v. Chr. datiert wird. Zweifellos sollte dieses Kleid mehr ent- als verhüllen: Man betrachte nur die Brustschalen mit den fein herausgearbeiteten Brustwarzen und die zahlreichen Muscheln, die das Gewand beschweren – als Symbole der Vulva geben sie dem Kleid eine zusätzliche erotische Komponente. Jede Muschel enthält einen kleinen Stein, so daß schon bei der kleinsten Bewegung der Trägerin dieses Kleides ein verführerisches Klingeln zu hören gewesen sein

muß. Aller Wahrscheinlichkeit nach wurden Kleider wie dieses bei bestimmten Ritualen von Tempeltänzerinnen getragen, möglicherweise von Mädchen vor der Geschlechtsreife, um sich der sexuellen Kraft einer Gottheit wie Hathor zu versichern.

Auch bei Festgelagen oder anderen feierlichen Gelegenheiten waren die Musiker in aller Regel Frauen, und häufig wurde von ihnen erwartet, daß sie auch in sexueller Hinsicht zu Diensten standen. Illustriert wird dies in den Zeichnungen des Turin-Papyrus, in Theben gefunden und auf circa 1500 v. Chr. datiert, die Musikerinnen und ihre Kunden bei sexuellen Handlungen zeigen.

Bekannt und gefeiert für ihre Prostituierten waren die Städte Naukratis und Canopus im Nildelta, das weiter südlich gelegene Elephantine sowie später Alexandria. Die Prostituierten waren für gewöhnlich relativ billig, da zu ihren Kunden vor allem ärmere Männer zählten. Sie unterstanden dem sogenannten *pornoboskos*, oder „Hurenhüter" – eine hochgradig beleidigende Bezeichnung, durch den Frauen mit Herdentieren gleichgesetzt wurden. Der *pornoboskos* reiste mit seinen Mädchen durch das Land und zu allen wichtigen Festen. Zu diesen zählten auch die ausgesprochen phallisch ausgerichteten Feste, die häufig zu Ehren des Gottes Bes abgehalten wurden und bei denen die Zurschaustellung der Genitalien als symbolische Geste verstanden wurde, mit der die Kraft der Gottheit gestärkt werden sollte. (Phalli aus

RECHTE SEITE: Die Große Säulenhalle von Karnak. Der riesige Raum besteht aus 134 Säulen mit einer Höhe von bis zu 23 Metern. Die Verzierungen am Fuß der Säulen stammen zumeist von Ramses II. und sind dem Gott Amun gewidmet. Das gesamte Säulenareal bedeckt eine Fläche von 6000 Quadratmetern.

RECHTS: Das Perlenkleid macht einen derart kleinen Eindruck, daß es nach heutigen Maßstäben wohl nur von einem Kind getragen werden könnte; das jüngst ausgegrabene Skelett einer erwachsenen Ägypterin läßt allerdings den Schluß zu, daß die Frauen jener Zeit insgesamt extrem klein und zierlich waren.

UNTEN: Darstellung Ramses III., der mit Frau und Kindern den Göttern Opfer darbringt. Karnak.

Terrakotta, wie sie in Memphis gefunden wurden, könnten Votivgaben gewesen sein, mit denen die Gottheit möglicherweise um Heilung von einer Geschlechtskrankheit gebeten wurde.) Nicht selten kamen die *porno-boskoi*, die ihre Mädchen aus so entfernten Gegenden wie Arabien oder Palästina einschiffen ließen, zu beträchtlichem Reichtum. Allem Anschein nach erzielten allerdings auch die Frauen ansehnliche Gewinne, zieht man in Betracht, daß sie in den Häfen des Roten Meeres mit einer fünfmal höheren Steuer belegt wurden als andere Bürger.

So unkompliziert der Umgang mit der Prostitution im alten Ägypten war, so problematisch stellte sich der Umgang mit der Homosexualität dar, die dem Glauben an die regenerative Kraft der Götter und des Universums entgegenstand. Die berühmten Totenbücher enthalten so etwas wie einen moralischen Katechismus, der von den Seelen der Verstorbenen auf dem Weg ins Jenseits beherzigt werden muß. Unter anderem müssen sie kategorisch erklären, nie Ehebruch oder irgendein anderes sexuelles oder homosexuelles Vergehen begangen zu haben. Andererseits besteht kein Zweifel, daß Homosexualität keine seltene Erscheinung war, vor allem in Alexandria nicht.

4 *Kreta und Troja*

RECHTE SEITE: Das Fresko einer einfachen Hofdame wurde in den Ruinen von Mykene in einem einfachen Wohnhaus gefunden und ist vermutlich nur Teil einer nicht erhaltenen Prozessionsdarstellung. 13. Jh. v. Chr. (Archäologisches Nationalmuseum, Athen)
UNTEN: Zwei berühmte Fayencestatuetten der Schlangengöttin aus dem Tempel in Knossos aus der Zeit um 1500 v. Chr. Die sich häutende und dadurch erneuernde Schlange wurde in der griechischen Antike Äskulap, dem Gott des Heilens und der Medizin, als Symbol zugeordnet. (Herakleion Museum, Kreta)

Zu Lebzeiten Herodots lag der einst prachtvolle königliche Palast von Knossos auf Kreta bereits seit eintausend Jahren unter Trümmern begraben. Zwei Erdbeben hatten ihn vermutlich zerstört. Im Jahr 1900 begann der britische Archäologe Sir Arthur Evans mit systematischen Ausgrabungsarbeiten, in deren Verlauf es ihm gelang, einen bedeutenden Teil des Palastes freizulegen und wiederaufzubauen. Unter den dort gefundenen Gegenständen befand sich auch die Statue einer minoischen Göttin, die auf etwa 1600 v. Chr. datiert wird. Die Göttin hat in jeder Hand eine Schlange, trägt auf dem Kopf ein Löwenjunges, und das Gewand ist mit Vögeln und Bienen geschmückt. Möglicherweise soll das geöffnete Mieder mit den nackten Brüste unterstreichen, daß es sich um eine Leben spendende und erhaltende Göttin handelt. Die Fresken des Palastes geben – zumindest in Evans phantasievoller Rekonstruktion – einen Eindruck von der Lebensfreude der Kreter, die nicht zuletzt in der ausgezeichneten Darstellung der springenden Delphine bildhaft wird. Darüber hinaus illustrieren sie das weibliche Schönheitsideal, das in jener Zeit gegolten haben muß. Das Stuckrelief des „Priester-Königs", das Majestät und Würde ausstrahlt, steht in deutlichem Kontrast zu dem schönen Gesicht einer Kreterin - aller Wahrscheinlichkeit nach eine Priesterin -, die Evans wegen des geschminkten Mundes und ihrer raffinierten Haartracht „La Parisienne" nannte (s. Abb. S. 49).

Die bekannteste kretische Priesterin ist die Tochter des Königs Minos von Kreta, Ariadne, die dem Mythos zufolge Theseus, dem Sohn des Königs von Athen, dabei hilft, den menschenfressenden, stierköpfigen Minotaurus im Labyrinth unterhalb des Palastes zu besiegen. Mittels eines Garnknäuels, das Ariadne ihm gegeben hat, findet Theseus den Weg zurück aus dem Gewirr unterirdischer Gänge, nachdem er das Ungeheuer getötet

hat. In den ältesten Fassungen dieser Sage steigt Ariadne selbst mit in die Unterwelt hinab und wird so zur Metapher für Tod und Wiedergeburt. Erst in der griechischen Antike verschiebt sich der Schwerpunkt der Legende und nimmt schließlich die Form an, die uns heute geläufig ist und die durch die Betonung der Bedeutung des Mannes dessen wachsender Macht in der mediterranen Gesellschaft Rechnung trägt.

Die Darstellung von Theseus und Ariadne auf einer Vase aus dem achten vorchristlichen Jahrhundert zeigt einen jungen Mann und eine junge Frau, die sich an den Händen halten, während er zärtlich ihr Gesicht berührt. In der weiteren Entwicklung waren weitaus martialischere Traditionen bestimmend für die Gesellschaft und Kultur Kretas. Der Historiker Ephorus erwähnt in seinen Schriften ein Initiationsritual, bei dem jeder Knabe von einem männlichen Liebhaber für den Zeitraum von zwei Monaten an einen versteckten Ort in der Wildnis gebracht wurde. Danach kehrte das Paar in die Stadt zurück, wo man dem Jungen eine Art Uniform, einen Trinkbecher und einen Stier überreichte, den er zu opfern hatte, um fortan mit Ehrfurcht und Respekt behandelt zu werden.

Die Kreter, ihre Kultur und ihr Hang zum Luxus übten einen entscheidenden Einfluß auf das griechische Festland aus. So ist beispielsweise im Palast des Königs Nestor – in der

OBEN: Der Thronsaal von Knossos. Der aus Alabaster gefertigte Thron befindet sich noch heute an der Stelle, an der er ursprünglich gestanden haben dürfte. Das Greifenfresko an den Wänden mit den Blumenornamenten wurde rekonstruiert. 1450–1400 v. Chr., Knossos.

LINKE SEITE: Das Wandfresko mit dem „Prinz der Lilien" wurde am Ende des Ganges entdeckt, der zum Haupthof führt. Wie eine Krone schmückt ein Kranz aus Lilien und Pfauenfedern das Haupt des Mannes, während eine dichte Haarsträhne auf seine Brust fällt und von seiner rechten Hand umfaßt wird. Die andere Hand ist so ausgestreckt, als ob sie ein Tier an einer Leine führt. 1450–1400 v. Chr. (Herakleion Museum, Kreta)

Nähe von Pylos auf der Peloponnes – im Badezimmer der Königin eine Wanne im minoischen Stil erhalten. Unweit davon, in der Gegend von Mykene, wurde das Fresko einer üppigen Frauengestalt entdeckt, das auf etwa 1400 v. Chr. datiert wird und ebenfalls deutlich minoischen Einfluß zeigt.

An der gleichen Ausgrabungsstelle wurde auch eine kleine Gruppe von Elfenbeinstatuen entdeckt, die aus zwei Göttinnen und einem Kind besteht (s. Abb. S. 50). Die sitzenden, sich umarmenden Frauengestalten in ihren reich mit Volants versehenen Gewändern werden von einem Umhang umhüllt, während das Kind vom Schoß einer der Frauen klettert. Dieses herrliche Kunstwerk, das Liebe und Zufriedenheit auszustrahlen scheint, könnte durchaus eine Darstellung der „zwei Königinnen und eines jungen Gottes" sein, von denen auf Schrifttafeln die Rede ist, die in der Nähe von Nestors Palast gefunden wurden.

Die Schöne Helena

Die Insel Sphakteria vor Pylos war Ausgangspunkt für König Nestors Expedition gegen Troja. Von hier aus stach er mit neunzig Schiffen in See, um an jenem legendären Krieg teilzunehmen, zu dessen Ausbruch der Überlieferung nach die wohl tragischste Liebesgeschichte der Antike geführt hatte: Es ist die Geschichte von Paris, Sohn des trojanischen Königs Priamos, und Helena, der Frau des Menelaus, König von Sparta. Paris entführte Helena – „das Gesicht, das tausend Schiffe zu bewegen vermochte" – und brachte sie

OBEN: Trinkgefäß in Form eines Stierkopfes aus dem Kleinen Palast von Knossos. Der wahrscheinlich für Trankopfer genutzte Kopf ist aus einem einzigen Stück schwarzen Specksteins gefertigt, die Augen sind Einlegearbeiten aus Bergkristall und Jaspis, die Nüstern aus Perlmutt, die Hörner aus Holz und Goldblech. Ca. 1550-1500 v. Chr. (Herakleion Museum, Kreta)

RECHTS: Kleineres Badezimmer im Palast des Nestor. Die gut erhaltene Wanne aus Terrakotta ist in der Mitte verjüngt und paßt sich damit der menschlichen Anatomie an. Eine Stufe erleichterte dem Badenden den Einstieg. Bei den Ausgrabungsarbeiten fand man zudem zwei große Behälter von 1,20 m Höhe zu beiden Seiten der Wanne, die wahrscheinlich das Badewasser enthielten. Auf dem Boden der Wanne selbst lag eine Kylix, eine Trinkschale, die eventuell dazu benutzt wurde, um den Badenden mit Wasser zu begießen. 14. Jh. v. Chr. (Pylos, Peloponnes, Griechenland)

OBEN: Die auf dem Hals des Henkelkrugs abgebildeten Figuren stellen vermutlich Theseus und Ariadne dar, wenngleich der Mann für den Kampf mit dem Minotaurus ein wenig spärlich bekleidet erscheint. Ca. 700 v. Chr. (Herakleion Museum, Kreta)

LINKS: Fresko einer Minoerin, das auf ca. 1400 v. Chr. datiert wird. Wegen ihrer geschminkten Lippen und Augen sowie der aufwendigen Frisur gab Sir Arthur J. Evans, der Entdecker des Palastes von Knossos, der Frauengestalt den Namen „La Parisienne“. Der Haarknoten läßt darauf schließen, daß es sich um die Darstellung einer Priesterin oder Göttin handelt. (Herakleion Museum, Kreta)

OBEN: Elfenbeinskulptur zweier Göttinnen mit Kind aus der Zeit zwischen 1400 und 1200 v. Chr. Das Kind klettert vom Schoß der jüngeren zu der älteren Frau hinüber, möglicherweise seiner Mutter. Das Motiv des Knaben oder jungen Mannes zwischen zwei Frauen ist in der Antike, von den Sumerern bis ins klassische Griechenland, häufig anzutreffen, wie zum Beispiel in der Geschichte von Adonis, der sowohl von Persephone, der Göttin der Unterwelt, als auch der im Licht der Oberwelt lebenden Aphrodite begehrt wird.

nach Troja, woraufhin die Griechen eine riesige Seestreitmacht zu ihrer Befreiung zusammenzogen. Der folgende, zehn Jahre dauernde Krieg, der um 1200 v. Chr. stattgefunden haben muß, bildet den Stoff für Homers großes, etwa vierhundert Jahre später entstandenes Heldenepos, die Ilias.

Troja wurde 1853 von Frank Calvert entdeckt, der sich als amerikanischer Konsul auf den Dardanellen aufhielt. 1863 riet er dem British Museum, auf dem Hügel Hissarlik Ausgrabungen vorzunehmen, doch sein Vorschlag wurde abgelehnt. So kaufte er im darauffolgenden Jahr selbst ein Gebiet im nördlichen Teil des Hügels und begann mit Ausgrabungen, bei denen er die Ruinen eines der Athene geweihten Tempels und Überreste einer Siedlung aus der Bronzezeit zutage förderte. Fehlende finanzielle Mittel zwangen Calvert zur Aufgabe, so daß es dem deutschen Archäologen Heinrich Schliemann überlassen blieb, die Arbeit 1872 fortzusetzen.

Nach drei Jahren intensiver Grabungen entdeckte Schliemann schließlich den „Schatz des Priamos". Schliemann photographierte seine schöne griechische Ehefrau Sophia (die ihm, ohne daß er sie vorher gesehen hatte, durch den Patriarchen von Athen vermittelt worden war) mit den Schmuckstücken, die er Helena zuordnete. Der Schmuck und andere Teile des Schatzes – die, wie wir heute wissen, etliche Jahrhunderte älter sind als das bei Homer beschriebene Troja – verschwanden in den letzten Tagen des Zweiten Weltkriegs aus dem Museum in Berlin, in dessen Besitz sie übergegangen waren. Erst 1996 hat das russische Kultusministerium offiziell eingestanden, daß die Sowjetregierung die Gegenstände über fünfzig Jahre versteckt hielt.

Die von Homer in der Ilias angesprochenen Themen von Freundschaft, Liebe, sexueller Untreue und Rache inspirierten nicht nur die Griechen der Antike, sondern auch folgende Zivilisationen.

OBEN: Mykenischer Frauenkopf aus Alabaster, möglicherweise das Abbild einer Sphinx, der unweit des bedeutendsten Gräberzirkels von Mykene gefunden wurde. Ca. 1200 v. Chr. (Archäologisches Nationalmuseum, Athen, Nr. 4575)

LINKS: Marmorbüste Homers, römische Kopie des nicht erhaltenen hellenistischen Originals aus dem 2. Jh. Ob Homer, der bereits um 700 v. Chr. starb, tatsächlich so ausgesehen hat, muß bezweifelt werden. Der Vorzug der phantasievollen hellenistischen Darstellung liegt vor allem in ihrer Ausdruckskraft. (British Museum, London, Nr. GR 1805.7-3.85)

5 *Götter und Menschen in Griechenland*

Rechte Seite: Mann mit Hetäre, Darstellung auf dem Boden einer Weinschale. Derart verzierte Gefäße wurden nur in den Räumen der Männer verwendet und mußten zur Gänze geleert werden, bevor man erkennen konnte, welche Darstellungen sich in ihnen verbargen. (Tarquinia Museum, Italien)

Unten: Die Terrakottatafel mit zyprischen Schriftzeichen aus der Zeit um 550 v. Chr. ist das Fragment eines Handelsvertrages zwischen griechischen Kaufleuten. (British Museum, London)

Religion und Alltagskultur der Griechen waren stark von aus dem Osten kommenden Einflüssen bestimmt. Phönizische Kaufleute brachten das Alphabet nach Griechenland, das die Griechen ihrem eigenen System von Vokalen und Konsonanten anpaßten. Mit der Buchstabenschrift, Grundlage des modernen Alphabets, war es ihnen möglich, komplexe Gedanken auf weitaus präzisere Weise festzuhalten, als dies mit den Hieroglyphen- oder Keilschriften älterer Zivilisationen möglich gewesen war. Gegenstand der wichtigsten griechischen Niederschriften waren die Mythen und Legenden der griechischen Götter.

Der Sage nach lebte Zeus, Enkel des Himmelsgottes Uranus und der höchste der Götter, gemeinsam mit den anderen Gottheiten auf dem Berg Olymp im Norden Griechenlands. Zeus wurde von Anfang an als Himmels- und Berggott verehrt, später auch als Gebieter über die Elementargewalten, weshalb er traditionellerweise als blitzschleudernder Wettergott dargestellt wurde. Er heiratete – so will es die Legende – seine Schwester Hera, die Göttin der Frauen und Beschützerin der Ehe und Hochzeitsbräuche, der er jedoch fortwährend untreu war, was Hera mit Eifersucht erfüllte. Der daraus resultierende beständige Streit zwischen Zeus und Hera ist Ausdruck einer Entwicklung des männlichen und weiblichen Kults, bei der die ältere, weibliche Gottheit der männlichen schließlich weicht.

Der Aufstieg Athens

Das Athen im fünften Jahrhundert vor Christus war ein von Männern dominierter Stadtstaat. Der stärkste Gegner Athens zu jener Zeit war Persien, dessen Heer die Athener 490 v. Chr. bei Marathon bezwungen hatten. Zehn Jahre später wurde auch die Flotte der Perser in der Schlacht von Salamis geschlagen. Diese Siege hatten einen erheblichen Statusgewinn der Stadt zur Folge, der unter der Führung des Perikles (500–429 v. Chr.)

durch ein ehrgeiziges Bauprogramm untermauert werden sollte. Das wichtigste unter den neuen Gebäuden war der Parthenon auf der der Namenspatronin der Stadt Pallas Athene geweihten Akropolis. Begonnen im Jahr 447 v. Chr. und innerhalb von 15 Jahren fertiggestellt, weist der Tempel erstaunliche technische Kunstgriffe auf. Um seine Proportionen optisch perfekt erscheinen zu lassen, sind die vollkommen gerade wirkenden Säulen leicht nach innen geneigt. Zudem ist das Fundament, auf dem die Säulenreihen stehen, leicht konvex, das heißt in der Mitte einige Zentimeter höher als an den Seiten.

Das fünfte vorchristliche Jahrhundert war auch eine Zeit, in der die griechischen Künste und Wissenschaften blühten. Um 428 v. Chr. wurde ein Mann geboren, der mehr als jeder andere Einfluß auf das Denken der westlichen Welt haben sollte: der Philosoph Platon. Die von ihm gegründete Akademie kann als erste Universität der Welt angesehen werden. Platons Denken kristallisiert sich in seinen etwa dreißig, in Form von Dialogen abgefaßten

OBEN: Büste Platons, der von etwa 427 bis 347 v. Chr. lebte. Römische Kopie eines frühen griechischen Originals. (Glyptothek, München)

LINKS: Zeus, der „Vater der Götter und Menschen" (Homer), entführt Ganymedes, zu dem er in Liebe entbrannt ist, und macht ihn zu seinem Mundschenk. (Olympia Museum, Peloponnes, Griechenland)

LINKE SEITE: Überreste des Poseidontempels im süditalienischen Paestum (in der Antike Poseidonia), Teil einer der Göttin Hera geweihten Anlage aus der Zeit um 450 v. Chr.

philosophischen Abhandlungen, von denen sich die mit dem Titel „Symposion" auch mit dem Thema Liebe befaßt. Ausgangsszenarium ist eine Art „Partygespräch", das an einem Abend im Jahr 416 v. Chr. im *andron* oder Eßzimmer des Dramatikers Agathon stattfindet, der gerade für sein neuestes Stück einen Preis entgegengenommen hat. Die Figuren, die Platon uns vorführt, vertreten verschiedene, äußerst intelligente, originelle und zuweilen sogar schockierende Ansichten zur Frage der Liebe, so wie sie sich Platon und seinen Zeitgenossen vor 2500 Jahren stellte. Jedes Symposion oder Gastmahl, das diesen Namen verdiente, begann traditionellerweise mit einem Opfer an Dionysos, Sohn des Zeus, Gott der Feste und Gelage, des Weines und jedweden Gefühlsausdrucks, und an eine seiner vielen Liebhaberinnen, Semele. Platon war aber nicht der erste, der ein Symposion literarisch thematisierte. Bereits im sechsten Jahrhundert hatte Anakreon über Trinkgelage geschrieben, bei denen über die Liebe diskutiert wurde.

GANZ OBEN: Athene, deren Kultstätte sich auf der Akropolis befand, war nicht nur die Schutzgöttin Athens, sondern auch der Künste und des Handwerks. Zudem war sie die Göttin des Krieges, wie diese Statue deutlich zeigt. (Glyptothek, München, Nr. GL 213)
OBEN: Büste des Sokrates, römische Kopie eines Originals aus dem 4. Jh. v. Chr. Das bekanntermaßen wenig attraktive Äußere des Vaters der griechischen Philosophie kontrastierte aufs Merkwürdigste mit der Schönheit seines Geistes. (British Museum, London, Nr. GR 1973.3-27.16)

Das griechische Wort *andron* bezeichnet einen Raum, der Männern vorbehalten ist. Die Privathäuser der Bessergestellten im alten Griechenland waren normalerweise in zwei Bereiche unterteilt. Im einen lebten die Männer, im anderen die Frauen. Beide Bereiche waren möglicherweise über separate Eingänge von der Straße aus zu erreichen, so daß jeder kommen und gehen konnte, ohne das andere Geschlecht zu stören. Die Symposien, die in den Räumen der Männer gehalten wurden, waren demnach nur für männliche Gäste – obwohl häufig auch Sklavinnen anwesend waren, die für die musikalische Unterhaltung und später am Abend wohl auch für andere Zerstreuungen zu sorgen hatten. Die Gäste konnten auch ihre eigenen *hetairai*, ihre Mätressen, oder sogar gewöhnliche Prostituierte mitbringen. Ein derartiges Zusammenkommen erscheint heute als eine merkwürdige Form des Zeitvertreibs: Essen, Trinken, Gesang, Scherzen und philosophische Debatte, und das alles begleitet von sexuellen Zerstreuungen. Ehrbare Frauen waren bei diesen Gelegenheiten nicht anwesend, sondern nur *hetairai* oder Sklavinnen, Prostituierte oder Knaben. Die einzelnen Bereiche des Hauses waren also klar voneinander getrennt: einer für die ehrbaren Frauen, ein anderer für die weniger geachteten Sexualpartner. Platon selbst vergleicht diese Trennung mit der in ähnlicher Weise gespaltenen menschlichen Seele: ihr oberer Bereich sei männlich, der untere weiblich, verborgen und daher notwendig auch unterlegen.

Ein *andron* war für gewöhnlich mit gepolsterten Liegen ausgestattet, die um einen in der Mitte stehenden Tisch, auf dem sich Speisen und Getränke befanden, gruppiert waren. Die Gäste lagen auf den linken Arm gestützt und benutzten nur die rechte Hand zum Essen. Die Liegen waren groß genug, um zwei Menschen Platz zu bieten, so daß sich im Verlauf des Abends unter Umständen zusammenfindende Paare gemeinsam dort niederlassen konnten.

Der Hauptgast bei Platons Symposion ist Sokrates, Sohn eines Steinmetzes und einer der größten Philosophen des Abendlandes. Normalerweise traf man ihn auf der Agora an, dem größten öffentlichen Platz Athens, wo sich seine Schüler versammelten, um mit ihm zu diskutieren. Sokrates war nichts heilig. Er ermutigte seine Schüler, alles in Frage zu stellen, sogar die Rolle des Staates und der Religion. Daher überrascht es nicht, daß die Herrschenden ihn schließlich der Subversion verdächtigten und zum Tod durch Schierling verurteilten. Die Lehren des Sokrates – er selbst verfaßte keine philosophischen Schriften – sind uns unter anderem durch seinen ergebenen Anhänger Platon überliefert, der sie in seine Dialoge integrierte.

Neben dem Gastgeber Agathon ist noch ein weiterer Dramatiker bei dem Symposion anwesend, der Komödiendichter Aristophanes, dessen Stücke „Die Frösche", „Die Vögel" oder „Lysistrata" – um nur einige zu nennen – auch heute noch aufgeführt werden. Außerdem sind zugegen: Phaidros, Homme de lettre mit einem Hang zum Pedantischen, der das Thema des Abends, die Liebe, vorgibt; Aristodem, den Sokrates kurz zuvor im Bad getroffen und zur Teilnahme aufgefordert hat; Pausanias, Liebhaber Agathons und behutsamer Verfechter der homosexuellen Liebe; sowie Eryximachos, damals einer der bekanntesten Ärzte Athens. Obgleich Platon die gewundene und langatmige Rede des letzteren zuweilen mit sanfter Ironie würzt, legt er ihm doch einige äußerst originelle Gedanken und Bemerkungen in den Mund. Als letzter Gast trifft schließlich Alkibiades ein, der von Perikles, seinem Onkel, erzogen worden war: ein arroganter und ehrgeiziger Mann, der viele Bewunderer unter den Vertretern beiderlei Geschlechts hat. Er redet ausschließlich über seine Liebe zu Sokrates, der dieses Gefühl allerdings nicht erwidert.

Symposien dieser Art, wie das luxuriöse, durch Müßiggang geprägte Leben im antiken Griechenland überhaupt, waren nur aufgrund der großen Zahl von Sklaven möglich. Man

Rekonstruktion der Stoa (Säulenhalle) von Eumenes, die zur Agora (Versammlungsplatz) gehörte, auf der Sokrates mit seinen Reden die Zuhörer zu fesseln verstand. So wie der Mann auf dem Bild mag er nach dem von Platon 416 v. Chr. beschriebenen Symposion mit bloßen Füßen allein in der Morgendämmerung nach Hause gegangen sein.

Das Mosaik aus einer römischen Villa in der Nähe Korinths zeigt im Zentrum den Kopf des Gottes Dionysos, Sohn des Zeus und der Semele. Dionysos war der Gott des Weins und auch Schutzgott des Theaters. (Archäologisches Museum, Korinth, Nr. A609)

kann davon ausgehen, daß es zu jener Zeit etwa 100 000 Sklaven gab – etwa genau so viele wie freie Bürger.

Platons Symposion beginnt mit einer Rede des Phaidros über die Ursprünge des Gottes der Liebe. Dem heutigen Leser, der mit Aphrodite als der griechischen Göttin der Liebe vertraut ist, mag dies verwirrend erscheinen. Doch das griechische Wort für Liebe, *eros*, ist maskulin und zugleich der Name des Sohnes der Aphrodite, eines sozusagen kleineren Liebesgottes, den die Römer später unter dem Namen Cupido verehren sollten. Für die Zeitgenossen Platons herrschte jedenfalls kein Zweifel daran, daß mit der Erwähnung des Gottes der Liebe in erster Linie die abstrakte Vorstellung der Liebe zur Diskussion stand:

„Denn daß der Gott zu den ältesten gehört, sagte er, ist ehrenvoll. Hiervon aber ist dies ein Beweis. Eros nämlich hat keine Eltern [. . .] Sondern Hesiodos sagt, zuerst sei das Chaos

gewesen, ‚aber nach diesem breitgebrüstet die Erde, ein Sitz unwandelbar allen, Eros auch'. [. . .] Und Parmenides sagt von seinem Ursprung, ‚Aller Götter den ersten erhob ins Leben sie Eros'. Von so vielen Seiten her wird dem Eros zugestanden, unter die ältesten zu gehören."

Wir haben bereits gesehen, daß die frühesten Gottheiten weiblich waren. Der ältesten, von Homer wiedergegebenen Legende über Aphrodite zufolge war die Göttin die Tochter von Zeus und dessen Tante Dione. Phaidros dagegen bezieht sich auf den älteren Autor Hesiodos, der in seiner Theogonie versucht, die Genealogie der Götter zu rekonstruieren. Danach wurde die Urmutter und Erdgöttin Gaia von ihrem Bruder, dem Himmelsgott Uranus, geschwängert und gebar eine Reihe von merkwürdigen Kreaturen, darunter die Titanen, einäugige Zyklopen und andere Monster. Kronos, der älteste Sohn von Gaia und Uranus, heiratete seine Schwester Rhea. Da er fürchtete, von seinen eigenen Kindern gestürzt zu werden, verschlang er seine drei Töchter und zwei Söhne unmittelbar nach ihrer Geburt. Daraufhin suchte Rhea für ihre nächste Geburt Schutz auf der Insel Kreta, wo sie in einer Höhle auf dem Berg Ida heimlich den Zeus zur Welt brachte. Ihn der Obhut der Bergnymphen überlassend, kehrte sie nach Hause zurück und überreichte Kronos einen in Windeln eingewickelten großen Stein. Kronos, der annahm, sie übergebe ihm ein weiteres Neugeborenes, verschluckte den Stein, wurde daraufhin jedoch so krank, daß er all seine Kinder wieder ausspie. Noch immer entschlossen, seine Position in der Thronfolge der Götter zu

Die dem Meer entstiegene Aphrodite sitzt auf einer Muschel und trocknet ihr Haar. Ihr zur Seite kauern bewundernd zwei Tritonen, der linke hält einen Anker in der Hand, der andere ein Ruder. Diese hübsche Interpretation des Mythos der Aphrodite ist einem Bildhauer der „Schule von Aphrodisias" zuzuordnen. Aphrodisias, Türkei, 3. Jh. v. Chr.

OBEN LINKS: Aphrodite von Knidos, römische Kopie der Statue, die der griechische Bildhauer Praxiteles um 330 v. Chr. für die Bewohner von Knidos in Kleinasien anfertigte. Modell stand die Kurtisane Phryne, die auch die Geliebte des Praxiteles war.

OBEN RECHTS: Büste des Perikles. Der große athenische Staatsmann und Feldherr führte das Heer der Athener in den Krieg mit Sparta und veranlaßte den Wiederaufbau der Akropolis. Seine Geliebte war die aus dem kleinasiatischen Miles stammende Aspasia. Römische Kopie, Tivoli, 2. Jh. n. Chr. (Glyptothek, München)

RECHTE SEITE: Die ionischen Säulen des Tempels der Aphrodite im türkischen Aphrodisias. Der Bau wurde um 90 v. Chr. vollendet. (British Museum, London, Nr. GR 1805.7-3.91)

sichern, beschloß er, seinen Vater Uranus daran zu hindern, noch weitere Kinder zu bekommen. Er schnitt ihm die Genitalien ab und warf sie ins Meer, wo sie sich auf wundersame Weise verwandelten und die Gestalt der Aphrodite hervorbrachten.

Die beiden Arten der Liebe

Der nächste Redner des Symposions, Pausanias, erhebt grundsätzliche Einwände gegen die bisher vertretenen Standpunkte, die ausschließlich ein Lobgesang auf die Liebe gewesen seien:

„Denn wenn es nur einen Eros gäbe, dann wäre das ganz schön. Nun gibt es aber eben nicht nur einen. Gibt es aber nicht nur einen, so ist wohl richtiger, daß zuvor bestimmt werde, welchen man loben soll. [. . .] Der (Eros) der gemeinen Aphrodite also ist auch in Wahrheit gemein und bewirkt, was sich eben trifft, und dieser ist es, nach welchem die schlechten unter den Menschen lieben. Es lieben aber solche zuerst nicht minder Frauen als Knaben; dann, welche sie nun eben lieben, an denen mehr den Leib als die Seele; dann, soviel sie immer können, die Unvernünftigsten, indem sie nur auf die Befriedigung sehen [. . .]"

Diese „gemeine Aphrodite" entspricht der Göttin, die Homer beschreibt und deren Tempel in Korinth in der gesamten antiken Welt bekannt und berühmt war für seine Prostituierten. Ihr stellt Pausanias nun die „himmlische Aphrodite" entgegen:

„Der (Eros) der himmlischen aber gehört zuerst einer, welche nicht von Weiblichem,

sondern nur von Männlichem (nämlich den Genitalien des Uranus) abstammt, und dies ist die Liebe der Knaben; dann auch der, welcher älter ist und keinen Anteil irgend hat an Frevel. Daher denn wenden sich zu dem Männlichen die von diesem Eros Angewehten, indem sie das von Natur Stärkere und mehr Vernunft in sich Habende lieben.")

Die von Pausanias sorgfältig gemachte Unterscheidung zwischen den beiden Arten der Aphrodite und damit der Liebe entspricht der Unterscheidung, die im Griechischen zwischen den Begriffen *eros* für physisches Verlangen und *agape* für die höhere, spirituelle, von sexueller Begierde freie, die „platonische" Liebe besteht. Erstere sei, so Pausanias, die zwischen Mann und Frau vorherrschende Liebe, letztere dagegen beschränkt auf die Beziehung zwischen Männern, da deren Liebe das „von Natur Stärkere und mehr Vernunft in sich Habende" sei. Pausanias schließt seine Rede mit einer Verteidigung der homosexuellen Liebe:

„Und es unterscheidet einer wohl leicht auch in der Knabenliebe selbst die ganz rein von diesem Eros Getriebenen. Denn sie lieben nicht Kinder, sondern solche, die schon anfangen, Vernunft zu zeigen. Dies trifft aber nahe zusammen mit dem ersten Bartwuchs. Und die alsdann anfangen zu lieben, sind, denke ich, darauf eingerichtet, für das ganze Leben vereinigt zu sein und es in Gemeinschaft hinzubringen, nicht aber den Jüngling, nachdem sie seinem Unverstand etwas entlockt, hernach zu verlachen und von ihm zu einem anderen zu entlaufen. [. . .]

Was nun aber eigentlich Sitte ist in bezug auf die Liebe, ist in andern Staaten wohl gar sehr leicht zu erkennen; denn ganz einfach ist es bestimmt, die hiesige aber und die in Lakedaimon ist schwierig und verwickelt. In Elis nämlich und unter den Böotern und wo sonst man nicht geschickt ist im Reden, da ist es schlechthin zur Sitte geworden, daß man für schön hält, den Liebhabern zu willfahren, und keiner, weder jung noch alt, wird sagen, es sei schändlich, damit sie, meine ich, nicht erst Mühe haben, wenn sie versuchen müßten, durch Reden die Jünglinge zu bewegen, weil sie nämlich unvermögend sind zu reden. In Ionien aber und sonst an vielen Orten erklärt es die Sitte für schändlich, wo man nämlich unter Barbaren wohnt. Denn den Barbaren gilt der unumschränkten Gewalt wegen dies für schändlich, so wie auch die Lust zur Wissenschaft und zu den Leibesübungen. Denn den Herrschenden, meine ich, ist es nicht zuträglich, daß große Einsichten sich unter den Beherrschten hervortun, noch auch starke Freundschaften und Verbindungen, was doch vornehmlich pflegt sowohl durch jenes andere alles als auch durch die Liebe gebildet zu werden. Durch die Tat aber haben dies auch die hiesigen Tyrannen erfahren; denn des Aristogeiton und Harmodios zu einer festen Freundschaft gediehene Liebe zerstörte ihre Herrschaft."

Mit dem letzten Satz spielt Pausanias auf die Ermordung des athenischen Tyrannen Hipparchos im Jahre 514 v. Chr. an. Die herrlichen Marmorstatuen des Aristogeiton und Harmodios – römische Kopien einer im Jahr 477/76 v. Chr. in Athen aufgestellten Gruppe – im Museum von Neapel zeigen zwei nackte, Seite an Seite kämpfende Krieger. Die wahren Motive des als „Tyrannenmörder" gefeierten Paares gerieten schon bald in Vergessenheit, da die Athener Gesellschaft die Liebe zwischen Männern gleichen Alters als unschicklich empfand.

Freundschaften zwischen Männern zwischen Zwanzig und Dreißig und pubertierenden Knaben dagegen wurden regelrecht gefördert, schrieb man ihnen doch einen erzieherischen Wert zu. Der *erastes* oder Liebhaber sollte den Knaben, den *eromenos* oder Liebling, in den Künsten, Wissenschaften und gesellschaftlichen Gepflogenheiten unterrichten. In ihrem Buch „The Reign of the Phallus" widmet sich die Altphilologin Eva Keuls einer ausführlichen Analyse dieser Form der Beziehung:

„Das idealisierte Beziehungsmuster, auf das sich Platon bezieht, beruht auf der sexuellen Verbindung eines reifen Mannes zu einem Knaben, bei der der Geschlechtsakt interkrural, d. h. zwischen den Schenkeln ausgeführt wurde. Anders gesagt, der Knabe und sein älterer Liebhaber lagen sich gegenüber, so daß das Gefühl einer gewissen Gegenseitigkeit entstand, wie sich auf etlichen Vasenmalereien ersehen läßt. Analer Geschlechtsverkehr unter Partnern gleich welchen Alters war verpönt und wurde von Aristophanes in zahlreichen seiner Komödien verspottet. Selbst der Dramatiker Agathon, Gastgeber des Symposions, ist Zielscheibe der satirischen Spötteleien des Aristophanes, da er offenbar auch über das gesellschaftlich akzeptierte Alter hinaus Päderastie betrieb. Außerdem neigte er zu femininen Posen, was im großen und ganzen nicht der Vorstellung der Griechen von Homosexualität entsprach. Während Aristophanes in seinen Komödien Agathon zum Opfer teilweise recht derber Scherze macht, behandelt er ihn im Symposion mit auffälliger Nachsicht."

Die Beziehung zwischen Agathon und Pausanias scheint über einen sehr langen Zeitraum bestanden zu haben. Zum Zeitpunkt des Symposions muß Agathon etwa dreißig Jahre alt gewesen sein, und als er neun Jahre später, 407 v. Chr., Athen verließ, wurde er von Pausanias begleitet. Bei Platon begegnet Aristophanes Agathon wesentlich freundlicher, als er dies zum Beispiel in seiner Komödie „Die Wespen" tat, in der er sich über das „intellektuelle Symposion der Herren" lustig macht. Im Symposion dagegen läßt Platon ihn in seiner Rede sogar die Beziehung zwischen Agathon und Pausanias als bewundernswertes Beispiel von Beständigkeit preisen:

OBEN: Die Tyrannenmördergruppe – Harmodios und Aristogeiton, die 514 v. Chr. Hipparchos, den Bruder des herrschenden Tyrannen Hippias, ermordeten. Harmodios, der Liebhaber Aristogeitons, hatte sich den Annäherungsversuchen Hipparchos' verweigert, der aus Zorn darüber Harmodios als weibischen Wüstling beschimpfte und veranlaßte, daß dessen Schwester die Teilnahme an einer Prozession auf die Akropolis untersagt wurde. Der Streit spitzte sich so zu, daß die beiden Liebhaber schließlich die besagte Prozession nutzten, um Hipparchos zu ermorden. Harmodios wurde von den Wachen auf der Stelle getötet, während Aristogeiton später unter der Folter starb. (Stadtmuseum, Neapel, Italien)

LINKE SEITE OBEN: Aphrodite mit Pan und ihrem Sohn Eros. Die Göttin hält in der erhobenen Hand ihren Schuh, um sich der unzüchtigen Annäherung Pans zu erwehren, der ihren anderen Arm fest umschlungen hat. Eros eilt seiner Mutter zur Hilfe. Skulptur von der Insel Delos aus dem 1. Jh., Höhe 1,30 m. (Archäologisches Museum, Athen, Nr. 3335)

LINKE SEITE UNTEN: Tempel der Aphrodite. Aphrodisias, Türkei

„Wenn aber einmal einer seine wahre eigne Hälfte antrifft [. . .], dann werden sie wunderbar entzückt zu freundschaftlicher Einigung und Liebe und wollen sozusagen auch nicht die kleinste Zeit voneinander lassen [. . .] Denn dies kann doch wohl nicht die Gemeinschaft des Liebesgenusses sein, daß um deswillen jeder mit so großem Eifer trachtete, mit dem andern zusammen zu sein [. . .] Denn sind wir diesen (i.e. den Göttern) befreundet und mit dem Gotte in gutem Vernehmen: so werden wir jeder unsern eignen Liebling finden und besitzen, was jetzt nur wenigen begegnet. Und Eryximachos lege es mir nicht, um meine Rede auf Spott zu ziehen, so aus, als meinte ich den Pausanias und Agathon. Denn vielleicht gehören auch sie zu diesen und sind beide von Natur männlich. Sondern ich meine es von allen insgesamt, Männern und Frauen, daß so unser Geschlecht glückselig würde, wenn es uns in der Liebe gelänge und jeder seinen eigentümlichen Liebling gewönne, um so zur ursprünglichen Natur zurückzukehren."

Das Innere einer griechischen, um 325 v. Chr. in Paestum ausgeschmückten Grabstätte. Hier führt Nike oder Victoria (als Sinnbild für den Sieg des Lebens nach dem Tod) ihren Wagen von der sich senkenden zur aufgehenden Sonne. Auch die Granatäpfel links im Bild sind Symbole für das Leben nach dem Tod. (Paestum Museum, Italien, Grab Nr. 86)

Das „Grab des Tauchers" und ein Symposion in den Kolonien

Als Platon in Athen das Symposion schrieb, reichte der Einfluß der Stadt bereits bis zu den griechischen Kolonien Magna Graecias im Süden Italiens. Die antike Stadt Paistos oder Paestum unweit Salernos ist zu Recht bekannt für ihre bedeutenden griechischen Tempel. Weniger bekannt ist das Museum, das sich auf dem Gelände der Ruinenstätte befindet. Dort sind verschiedene Darstellungen von geselligen Zusammenkünften in der Art des von Platon

Teilansicht aus dem „Grab des Tauchers". Der Mann mit dem Stock ist wahrscheinlich der Zeremonienmeister, der gemeinsam mit einem jungen Mann, der einen kleinen, blauen Chiton trägt, und der weiß gewandeten Flötenspielerin (der einzigen anwesenden Frau) den Festsaal betritt. (Paestum Museum, Italien)

beschriebenen Symposions ausgestellt, die Aufschluß darüber geben, wie die sexuellen Zerstreuungen bei derartigen Anlässen ausgesehen haben. Nur wenige Kilometer entfernt liegen die Ruinen der Stadt Sybaris, deren Einwohner dem Luxus und der Genußsucht in einer Weise frönten, daß die Bezeichnung „Sybaritismus" für „Schwelgerei" in diverse europäische Sprachen eingegangen ist. In Sybaris entdeckten Archäologen vor kurzem den einzigen uns bisher bekannten griechischen Sarkophag aus jener Zeit, der mit gemalten Darstellungen, die dem Ruf der Stadt als Stätte der Ausschweifungen alle Ehre machen, verziert ist: das sogenannte „Grab des Tauchers".

An den Seiten des Sarkophags findet sich eine detaillierte Darstellung eines Symposions. Die ausschließlich männlichen Gäste ruhen einzeln oder zu zweit auf gepolsterten Liegestätten. Einer bietet einem offenbar gerade erst eingetroffenen jungen Mann in einem blauen *hymation* eine Kylix mit Wein an. Der junge Mann wird von einer Flötenspielerin in den Raum geführt, der einzigen Frau auf dem Bild. Es ist nicht zu übersehen, daß die Männer

bereits beträchtliche Mengen Alkohol genossen haben. Die Lyraspieler haben ihre Instrumente beiseite gelegt und das Feld den Flötenspielern überlassen, die einen der Gäste in Trance zu versetzen scheinen. Der halb geöffnete Mund eines älteren, bärtigen Mannes, sein stierer Blick und die Geste in Richtung seines jungen, sich abwehrend verhaltenen Begleiters verraten eindeutig seine Absichten. Das Paar wird von einem weiteren Gast beobachtet, auf dessen Gesicht sich mildes Erstaunen über das Gesehene spiegelt, während sein eigener Partner seine Kylix erhoben hat, um ihn mit Wein zu besprenkeln. Dieses Spiel nannte sich *kottabos:* Wem es gelang, einen anderen mit den letzten Tropfen Wein aus seinem geleerten Trinkgefäß zu benetzen, erhielt als Siegesprämie das Objekt seiner Begierde (s. Abb. S. 92).

Auf dem Deckel des Sarkophags ist ein Mann abgebildet, der unbekleidet ins Meer eintaucht. Wird damit lediglich des Verstorbenen Vorliebe fürs Schwimmen verdeutlicht, oder ist dies eine symbolische Darstellung der in die unbekannten Tiefen des Lebens nach dem Tode eintretenden Seele? Mit Sicherheit läßt sich diese Frage nicht beantworten, obgleich die detailverliebte Ausführung des Sprungbrettes und das blaue, einladende Meer kaum an den finsteren Styx und die Fähre des Charon denken lassen.

Sparta, Sex und Sport

Die Einstellung zur Homosexualität war in den unabhängigen griechischen Stadtstaaten durchaus nicht einheitlich. In kriegerischen Städten wie Sparta wurde die gleichgeschlechtliche Liebe unter Männern akzeptiert. Platon berichtet, daß Knaben im Alter von sieben Jahren aus der Obhut ihrer Mütter genommen und den Heereslagern Spartas übergeben wurden, wo sie mit den Älteren zusammen lebten, aßen und schliefen. Überdies herrschte in Sparta der Brauch, daß eine Braut in der Nacht ihrer Hochzeit, mit den Sandalen und dem Umhang eines Mannes bekleidet in einem dunklen Raum auf ihren Bräutigam zu warten hatte. Möglicherweise war dies ein *rite de passage*, der dem Mann den Übergang aus seiner ausschließlich männlich bestimmten Welt in die heterosexuelle Beziehung erleichtern sollte. Selbst nach der Eheschließung lebten die Spartaner mit ihren Altersgenossen zusammen und mußten sich heimlich nachts davonschleichen, um ihre Frauen zu besuchen.

Auch in Theben wurden homosexuelle Beziehungen unter Kriegern ausdrücklich gefördert. Platon spricht im Symposion von Liebesbeziehungen, die sich für das Heer als äußerst nützlich erweisen:

„Ich behaupte nämlich, daß einem Manne, welcher liebt, wenn er dabei betroffen

Die Fresken für das Grabmal wurden vom Künstler zunächst in seiner Werkstatt auf Platten mit feuchtem Gips gemalt und dann als Ganzes in die Grabstelle eingelassen. Das in der Kalkgipsmischung enthaltene Kalziumkarbonat und das Kohlendioxid verbanden sich beim Prozeß des Trocknens zu einer harten kristallinen Oberfläche, die das Fresko zweieinhalbtausend Jahre zu schützen vermochte. (Paestum Museum, Italien)

Eine sich nach oben leicht verjüngende Stele mit einem Relief, das entweder Helena und Menelaus oder Agamemnon und Klytaimnestra darstellen soll. 8.–5. Jh. v. Chr. (Sparta Museum, Peloponnes, Griechenland)

würde, daß er etwas Schändliches entweder täte oder aus Unmännlichkeit ohne Gegenwehr von einem andern erduldet, weder von seinem Vater gesehen zu werden soviel Schmerz verursachen würde, noch von seinen Freunden, noch von sonst irgend jemand als von seinem Liebling. Und dasselbe sehen wir von dem Geliebten, daß er sich vorzüglich vor den Liebhabern schämt, wenn er bei etwas Schlechtem gesehen wird. Könnte man also irgend bewirken, daß ein Staat oder ein Heer aus Liebhabern und Lieblingen bestände: so wäre es ja unmöglich, beides besser zu verwalten, als indem alle sich alles Schändlichen enthalten und sich gegenseitig um einander beeifern. [. . .] Denn weniger möchte wohl von seinem Liebling ein Liebender, daß er seine Reihe verließe oder die Waffen wegwürfe, gesehen werden wollen als von allen übrigen, und dafür würde er lieber oftmals sterben wollen. Ja gar füreinander sterben mögen Liebende allein, und nicht Männer nur, sondern sogar Frauen."

Zwanzig Jahre nach Entstehung des Symposions stellte der Heerführer Epaminondas in Theben ein Regiment mit dreihundert Männern auf, das aus einhundertfünfzig Liebespaaren bestand. Die berühmte „Schar von Theben" war eine hervorragende Kampfeinheit, in der sich die Liebenden gegenseitig bis in den Tod verteidigten, bis sie von König Philipp II. von Makedonien – dem Vater Alexander des Großen – 338 v. Chr. in der Schlacht von Chäronea geschlagen wurde. Als Philipp die toten Soldaten des Regiments sah, die in Paaren beisammen lagen und alle den Todesstoß von vorn, also sehenden Auges, empfangen hatten, und man ihm erklärte, sie seien Liebende gewesen, weinte er. „Verflucht seien jene", soll er gesagt haben, „die glauben, diese Helden seien je einer Schandtat fähig gewesen."

Die Verknüpfung von Krieg und Sport reicht bis ins neunte vorchristliche Jahrhundert zurück. So findet sich bereits bei Homer die Erwähnung eines Königs, der von seinem Sohn sagt, er sei „der schnellste Läufer und ein Krieger". In der Blütezeit Spartas trainierte die Jugend der Stadt, Jungen wie Mädchen gleichermaßen – und zwar nackt. Man geht davon aus, daß der Einfluß Spartas schließlich auch dazu führte, daß die Olympischen Spiele unbekleidet ausgetragen wurden. (Eine andere Erklärung für diesen Umstand bietet die Legende, derzufolge während eines der ersten ausgetragenen Wettbewerbe der Athlet Osyppos aus Megara bei einem Rennen seinen Lendenschurz verlor und beflügelt durch die so gewonnene Bewegungsfreiheit den Lauf gewann.)

Im alten Griechenland war es die Regel, daß Männer Sport unbekleidet ausübten. Plutarch, dessen Schriften drei Jahrhunderte nach denen Platons entstanden, machte diese Sitte sogar für die Ausbreitung der Päderastie verantwortlich. Von jedem jungen Mann wurde erwartet, daß er in ein Gymnasion – das griechische *gymnós* bedeutet „nackt" – ging, um dort unter der Anleitung eines Gymnasiarchen nicht nur der körperlichen Ertüchtigung, sondern auch den Studien der Künste und Wissenschaften nachzugehen. Das sportliche Hauptereignis für den Mehrkämpfer war der Pentathlon, eine Kombination von fünf Sportarten: Diskus- und Speerwerfen, Laufen, Springen und Ringen. Bei den Olympischen Spielen von 628 v. Chr. wurde zum ersten und einzigen Mal ein Pentathlon-Wettkampf der Knaben ausgetragen, den ein junger Spartaner gewann. Die Gründe dafür, daß diese Disziplin für Knaben sofort wieder aus dem olympischen Programm gestrichen wurde, sind nicht eindeutig. Vielleicht hielt man den Pantathlon für eine Überforderung der noch jungen Athleten; denkbar ist

OBEN: Votivrelief des griechischen Architekten Kallikrates, das den beiden Dioskuren, den Söhnen des Zeus, gewidmet ist. Auffällig sind die spartanisch-athletischen Körper. (Sparta Museum, Peloponnes, Griechenland)

aber auch, daß man glaubte, der Teilnehmer aus Sparta habe einen unfairen Vorteil genossen.

Vor Beginn der Spiele rieben sich die Teilnehmer am ganzen Körper mit Öl ein und bewarfen sich dann mit Sand, um ihre Haut vor der Sonneneinstrahlung zu schützen. Nach Beendigung des Wettkampfs wurde die Schicht aus Öl und Sand mit speziellen Instrumenten wieder abgekratzt.

Die Pentathleten wurden von den Griechen wegen ihrer wohlproportionierten, trainierten Körper bewundert. Übermäßig ausgebildete Muskeln dagegen erregten genauso Mißfallen wie stark entwickelte Genitalien. Aristophanes bemerkt dazu:

„In jenen Tagen (i.e. in seiner Jugend) rieben sich die Knaben nie unterhalb des Nabels mit Öl ein, sondern schlangen ein Tuch um ihren Unterleib, um keine begierigen Blicke auf sich zu ziehen. Der Gymnasiarch zwang die Knaben, ihre Beine auszustrecken, wenn sie sich setzten, auf daß sie den Zuschauern keinen anstößigen Anblick boten. Wenn sie sich erhoben, waren sie angehalten, den Sand, auf dem sie gesessen, wieder zu glätten, damit kein Liebhaber des Abdrucks ihrer Männlichkeit angesichtig würde."

Sportliche Wettkämpfe der Frauen

Frauen waren zur Teilnahme an den Olympischen Spielen nicht zugelassen, hatten aber ihre eigenen, religiös motivierten Wettkämpfe. Die jeweils vor der Olympiade der Männer stattfindenden Spiele waren der Göttin Hera geweiht und werden von dem griechischen Schriftsteller Pausanias wie folgt beschrieben:

„Bei den Spielen wird ein Wettlauf zwischen sechzehn Jungfrauen ausgetragen; sie laufen mit offenem Haar und hoch über die Knie gezogenen Gewändern, während die rechte Brust und Schulter unbedeckt sind. Die Siegerinnen erhalten eine Krone aus Olivenzweigen und einen Anteil an dem Ochsen, der der Hera geopfert wird."

Während von den gemalten Porträts der Siegerinnen, die im Tempel der Hera ausgestellt wurden, keines mehr erhalten ist, entspricht die gefundene Bronzestatuette einer Sportlerin genau der Beschreibung des Pausanias. Trainiert wurden die Mädchen häufig von ihren eigenen Müttern. Der Ehrgeiz sportbegeisterter Eltern konnte allerdings mitunter auch zu merkwürdigen Ergebnissen führen, wie Professor Theo Antikas ausführt:

„Eine Mutter, die Berühmtheit erlangen sollte, stammte von der Insel Rhodos. Sie hieß Pherenike, was auf Griechisch so viel wie ‚die den Sieg bringt' bedeutet. Einige Quellen geben ihren Namen allerdings mit Kallipatera an, ‚von einem guten Vater stammend', denn ihr Vater hatte erfolgreich an den Olympischen Spielen teilgenommen. Pherenike hatte einen Sohn, und da sein Vater tot war, beschloß sie, ihn selbst im Boxen zu trainieren. Der Sohn war ein ausgezeichneter Athlet, und Pherenike hatte sich zum Ziel gesetzt, daß er als Sieger aus den Boxkämpfen hervorgehen sollte. Da es Frauen untersagt war, das Gelände zu betreten, auf dem die Spiele stattfanden, zog sie sich Männerkleider an und trat als Trainer auf.

Nachdem sie sich so Zugang zu den Reihen der Trainer verschafft hatte, nahm sie hinter einem Zaun unterhalb des Kronos-Hügels Platz und beobachtete aufgeregt, wie ihr Sohn seinen ersten Kampf gewann und ins Finale einzog. Er besiegte auch dieses Mal seinen Gegner und reihte sich damit in die Tradition seiner Familie ein. Ihre Freude war so groß, als man ihren Sohn zum Sieger erklärte, daß sie von ihrem Platz aufsprang. Dabei verfing sich jedoch ihr Gewand in dem Zaun und zerriß, und als sie zu Boden fiel, sahen alle, daß sie eine Frau war.

Pausanias zufolge kam ihr Verstoß gegen die Regeln der Spiele einem Verbrechen gleich, der jedoch die äußerst strengen Richter der Olympiade, die *ellanodikai*, vor ein Dilemma stellte. Hier war eine Frau, deren Vater, Brüder und Sohn bei den Olympischen Spiele gewonnen hatten, und es war undenkbar, daß man sie, wie es die Regeln verlangten, öffentlich auspeitschen ließ. Schließlich rangen sich die Richter dazu durch, Pherenike freizusprechen, doch gleichzeitig erließen sie ein Gesetz, nach dem in Zukunft nicht nur die Athleten, sondern auch deren Trainer unbekleidet zu den Olympischen Spielen anzutreten hatten.

Nur einer Frau war es gestattet, den Olympischen Spielen als Zuschauerin beizuwohnen: der Hohen Priesterin der Demeter, Göttin des Getreides und der Fruchtbarkeit des Bodens. Der Priesterin war ein Platz neben der Statue der Göttin vorbehalten, die sich an einer der langen Seiten der Arena, den Plätzen der *ellanodikai* direkt gegenüber, befand. Wurde ihr dieses Privileg aufgrund eines uralten Rituals zugestanden, mit dem man die erste und älteste Göttin, Gaia,

LINKE SEITE OBEN: Bild zweier Athleten im Gymnasion, auf dem der eine dem anderen den Rücken vor dem Ringkampf massiert. Links an der Wand ist eine Ölflasche zu sehen, daneben der *strigil*, mit dem nach Verlassen der Arena Schmutz und Sand vom Körper gekratzt wurden. Rotfigurige Schale, Athen, ca. 420 v. Chr. (Villa Giulia Museum, Italien, Nr. 5043)

LINKE SEITE UNTEN: Im Gymnasion nähert sich ein bärtiger älterer Mann in eindeutig sexueller Absicht einem jüngeren Mann. Schwarzfiguriger attischer Skyphos, ca. 560 v. Chr. (Tarquinia Museum, Italien, Nr. 2067)

UNTEN: Zwei leicht bekleidete Knaben beim Betrachten einer Darstellung auf dem Boden einer Schale. (Tarquinia Museum, Italien, Nr. 697)

Mutter Erde, selbst ehrte? Es wäre möglich, doch letzte Sicherheit werden wir darüber nie erlangen."

Die Liebe zu sich selbst und die Geschichte des Narziß

Psychologen gehen davon aus, daß homosexuelle Liebe häufig mit der Verliebtheit in sich selbst, dem Narzißmus verbunden ist. Der Begriff leitet sich von der griechischen Sage über Narziß oder Narkissos ab, dem Sohn des Flußgottes Kephisos. So groß war seine Schönheit, daß sich jeder, der ihn sah, in ihn verliebte. Doch er wies alle trotzig ab. Eines Tages befand er sich mit einigen Freunden auf der Jagd, als er meinte, in den nahe gelegenen Wäldern die Stimme eines Hirsches zu hören, und sich allein auf die Suche nach dem Tier machte. Doch es war die Nymphe Echo, die ihn, verborgen in einem Baum, gerufen hatte, da sie ihn liebte. Nachdem Narziß einige Zeit durch den Wald gelaufen war, kam er an einen Wasserfall. Er merkte nun, daß er sich verlaufen hatte, und rief nach seinen Freunden: „Wo seid ihr?" Doch zu seiner Überraschung hörte er als Antwort nur die Wiederholung seiner eigenen Frage: „Wo seid ihr?" „Ich bin hier", gab er zurück, und „Ich bin hier" war die Erwiderung. Schließlich fand er Echo in ihrem Baumversteck, verschmähte aber, wie er es bereits zuvor getan hatte, ihre Liebe. „Eher würde ich sterben, als mit dir zu liegen", spottete er und wandte sich zum Gehen. Noch einmal wurden seine eigenen Worte wiederholt, als Echo flehte: „Mit mir liegen!" Doch Narziß war bereits fortgegangen. Traurig und alleingelassen zog sich Echo zurück.

Später machte Narziß Rast an einer Quelle, um seinen Durst zu stillen. Im klaren Wasser sah er sein Spiegelbild, in das er sich auf der Stelle verliebte. Er versuchte, das Bild zu umarmen, doch vergeblich. Wie konnte er die Qual ertragen, seine Liebe zu besitzen und

OBEN: Bronzefigur einer Frau als Griff eines Spiegels. Das Diazoma (Umgürtung), das sie trägt, könnte ein Hinweis darauf sein, daß sie eine Athletin darstellt. Gefunden auf der griechischen Insel Aegina. (Archäologisches Nationalmuseum, Athen, Nr. 7703)
RECHTS: Narzissus vor seinem Spiegelbild in der Quelle. Das 1640 entstandene Gemälde von van Keijl ist ein Beispiel für die in der Renaissance beliebte Romantisierung griechischer Mythen. (John and Marble Ringling Museum of Art, USA, Nr. SN885)

LINKS: Mann und Knabe. Der an der Wand hängende Schwamm und der Schaber, mit denen sich die Athleten nach ihren sportlichen Übungen säuberten, weisen darauf hin, daß die Begegnung in einem Gymnasion stattfindet. Kopie einer griechischen Kylix.
UNTEN: Weibliche Figurine, vermutlich eine Athletin aus Sparta. (Archäologisches Nationalmuseum, Athen, Nr. 15897)

doch nicht zu besitzen? Einigen Texten zufolge starb er an gebrochenem Herzen, andere dagegen berichten, er habe sich einen Dolch in die Brust gestoßen, und aus seinem Blut, das die Erde tränkte, sei eine Narzisse entsprungen. Die bedauernswerte Echo (die mit Sicherheit an gebrochenem Herzen litt) verbrachte den Rest ihres Lebens in den einsamen Tälern Arkadiens, wo sie vor Liebeskummer dahinsiechte, bis nur noch ihre Stimme zurückblieb. Die Geschichte von Narziß ist eine einfache Fabel über die Eitelkeit des Menschen, und dennoch hat sie es vermocht, über dreitausend Jahre hinweg, Dichter und Maler immer wieder zu inspirieren.

Homosexualität und die attischen Gesetze

Trotz der scheinbar äußerst liberalen Einstellung der gehobenen Gesellschaftskreise Athens im Hinblick auf sexuelle Fragen genossen Knaben doch einen gewissen Schutz durch die geltenden Gesetze. Der attische Redner Aischines (389-314 v. Chr.) gewährt uns einen aufschlußreichen Einblick in die im antiken Athen geltenden Regeln zur männlichen wie weiblichen Prostitution:

„Verkauft ein Vater, Bruder, Onkel oder Lehrer einen Knaben einem Manne mit zügellosem Charakter, so wird nicht das Kind gerichtlich belangt, aber alle anderen Beteiligten. Denn das Gesetz gegen Ausschreitungen sieht vor, daß der, der sich an einem Kinde vergeht, gleich ob das Opfer ein freier Bürger oder Sklave sei, angeklagt und in angemessener Weise bestraft werden soll, sofern er nicht eine von dem Gericht festzusetzende Summe Geldes zu zahlen bereit ist. Jeder Bürger Athens, der sich der käuflichen Liebe hingibt, wird der *hetairsis* (der fehlenden Moral) angeklagt, eines Vergehens, das mit der äußersten Härte des Gesetzes bestraft wird."

RECHTS: Knabe, der sich gegen die Annäherungsversuche eines jungen Mannes wehrt. Darstellung auf dem Boden einer Kylix. (Tarquinia Museum, Italien, Nr. 698)
UNTEN: Mann beim Geschlechtsakt mit einer Prostituierten. Ob es sich um Analverkehr handelt, ist nicht so eindeutig zu erkennen wie auf der Darstellung auf Seite 75.

Das Wort *hetairsis*, verwandt mit dem Begriff *hetaira*, ist am ehesten mit „Unzucht" oder „Hurerei" zu übersetzen. Doch wenden wir uns zunächst den *hetairai* zu.

„Hetairai" – Kurtisanen und Prostituierte

Zu den wichtigsten Quellen, die uns Aufschluß über die *hetairai*, die Hetären, geben, zählen die Darstellungen auf griechischen Vasen. So zeigt eine dieser Vasenmalereien einen älteren Mann, der seinen Geldbeutel hochhält, bereit, die Gefälligkeit einiger Knaben zu kaufen. Der an der Wand hängende Reisesack weist darauf hin, daß der Mann von außerhalb in die Stadt gekommen ist. Ein weiterer Kunde hat ebenfalls seinen Geldbeutel gezogen und bietet ihn einer *hetaira* an.

Auf einem anderen Vasenbild sind einige Hetären dargestellt, die mit erhobenen Weinbechern ausgelassen tanzen. Die wohl erfolgreichste dieser Luxus-Kurtisanen, von denen viele beträchtlichen Reichtum und einige Berühmtheit erlangten, war Aspasia, die Geliebte und spätere Gemahlin des großen Heerführers Perikles. Obgleich sie aus der kleinasiatischen Stadt Milet stammte, also keine Sklavin war, konnte sie doch nie hoffen, Athenerin zu werden. Nach der Scheidung von seiner ersten Frau nahm Perikles, der zu jener Zeit Stratege in Athen war, Aspasia zunächst als Konkubine zu sich in sein Haus. Sokrates schätzte ihre Intelligenz. Sie war eine faszinierende und geistreiche Gastgeberin, die so etwas wie einen Salon unterhielt. Und dennoch mißbilligten die Athener das Verhältnis, das diese schöne und charmante Mileterin mit Perikles hatte und das erst endete, als er im Jahr 429 v. Chr. der Pest erlag.

Etwa ein Jahrhundert später trat Phryne, eine weitere berühmte *hetaira*, auf den Plan. Auch sie kam zu außerordentlichem Reichtum. Einer ihrer Liebhaber war der große Bildhauer Praxiteles, der von ihr zu seinen diversen Statuen der Aphrodite inspiriert wurde. Des unsittlichen Benehmens angeklagt und vor Gericht gestellt, wurde Phryne von einem anderen ihrer Liebhaber verteidigt, dem Redner Hyperides. Als Hyperides jedoch erkannte, daß er in ihrem Fall keine Fortschritte machte, entschloß er sich dazu, seine Verteidigungsstrategie radikal zu ändern: Er riß der Angeklagten das Kleid vom Leib und enthüllte so ihre perfekten Brüste. Angesichts derart überwältigender Schönheit konnten die Richter sie nur noch freisprechen. Zugleich wurde allerdings ein neues Gesetz erlassen, das die Angeklagten fortan von der Urteilsberatung des Gerichts ausschloß.

Die berühmteste Statue von Praxiteles, für die Phryne Modell stand, ist die „Aphrodite von Knidos" (s. Abb. S. 60). Wie alle Werke des Bildhauers – einzige Ausnahme ist die in Olympia gefundene Marmorstatue des „Hermes mit Dionysosknaben" – ist auch diese Statue nicht im Original erhalten. Doch existieren noch einige römische Kopien, darunter die wohl bekannteste im Vatikan. Ursprünglich war die Statue von den Bewohnern der Insel

Mann beim Analverkehr mit einer Prostituierten. Darstellung auf einer Pelike. (Tarquinia Museum, Italien, Nr. 2989)

Kos in Auftrag gegeben worden, die jedoch die Darstellung einer nackten Aphrodite ablehnten und von Praxiteles forderten, eine zweite, weniger schockierende Statue anzufertigen. Die nackte Aphrodite wurde daraufhin von den Bürgern von Knidos erworben und gelangte in der ganzen antiken Welt nicht nur als *succès de scandale,* sondern auch wegen ihrer faszinierenden Schönheit zu Berühmtheit. Wie die meisten antiken Statuen war auch die knidische Aphrodite ursprünglich koloriert; die Maler von Statuen wurden häufig sogar besser bezahlt als die Bildhauer selbst. In Knidos errichtete man dem Standbild einen eigenen Tempel, der sowohl an der Vorder- als auch an der Rückseite einen Eingang hatte, damit man die Schönheit der Figur von allen Seiten bewundern konnte. Man erzählte sich sogar Geschichten von Leuten, die sich in das Steinbild verliebt hatten, wie der junge Mann, der sich nachts in den Tempel schlich und Spuren seiner Liebe hinterließ, die noch am Morgen sichtbar waren. Doch vielleicht wurden derartige Geschichten von den Bürgern von Knidos auch bewußt als Werbung eingesetzt, um Besucher anzulocken.

Auch die reiche Hafenstadt Korinth konnte sich eines Tempels der Aphrodite rühmen, in dem die schönsten und begehrtesten Prostituierten ihrem Gewerbe nachgingen. 464 v. Chr. gelobte ein Athlet der Stadt namens Xenophon der Göttin, er werde ihr einhundert Mädchen schenken, sollte er in diesem Jahr aus den Wettkämpfen der Olympischen Spiele als Sieger hervorgehen. Er gewann und löste sein Versprechen ein – zweifellos nicht nur zur Freude Aphrodites, sondern auch zahlreicher Seefahrer und Reisender. In einer anderen wichtigen Hafenstadt, Ephesus, trugen die käuflichen Mädchen Sandalen, in deren Sohlen die Worte „Folge mir" geschnitten waren und beim Gehen als Abdruck im

LINKE SEITE: Darstellung von Gruppensex auf einer Amphore. (Staatliche Antikensammlung, München, Nr. 1432)

UNTEN: Ähnlich ausschweifend wie die auf diesem Trinkgefäß dargestellte Gruppe betrunkener Männer auf ihrem Weg zu einem Gastmahl dürften sich auch die Gäste von Platons Symposion aufgeführt haben.

Der Boden des Trinkgefäßes von der vorhergehenden Seite zeigt eine offenbar als Mann verkleidete Frau, die möglicherweise als Transvestit an einem dionysischen Fest teilnimmt. Professor Eva Keuls vertritt die Ansicht, die Darstellung zeige eine Frau mit falschem Bart bei einem „Skira"-Ritual, bei dem Frauen in die Rollen von Männern schlüpften und zum Spott der Männer ihr eigenes Parlament gründeten. (Villa Giulia Museum, Rom, Nr. 50396)

Sand zurückblieben. Eine ähnliche Aufforderung ist noch heute auf einem Pflasterstein in den Ruinen der Stadt zusehen.

Die um einen Phallus tanzenden Mädchen der Darstellung auf Seite 79 sind wahrscheinlich Prostituierte; ähnliche Tänze haben sich in der Tradition der Frühlingsfeiern bis in die Gegenwart erhalten. In den meisten dieser Bräuche wurde der Phallus zwar durch den Maibaum verdrängt, doch in Bourani, einer kleinen Stadt im Norden Griechenlands, wird noch heute ein jährliches Fest abgehalten, bei dem sowohl Maibaum als auch Phallus eine Rolle spielen. So tragen die Männer riesige Phalli unter ihrer Kleidung, mit denen sie die Frauen necken, und man trinkt aus Tongefäßen in Form eines Penis.

Das dritte Geschlecht

Im Symposion bedient sich Platon eines Pastiches, um den Komödiendichter Aristophanes eine amüsante Rede über das Thema Liebe halten zu lassen. Er erzählt seinen Zuhörern die Geschichte von Hermaphroditos, in dem sich die Schönheit seiner göttlichen Eltern

Hermes und Aphrodite vereinigte. Dem Mythos zufolge hatte sich die Nymphe Salmakis in Hermaphroditos verliebt, der in der Quelle zu baden pflegte, in der sie wohnte. Da er ihre Liebe nicht erwiderte, schlang sie in dem Wunsch, beide Körper miteinander verschmelzen zu lassen, ihre Arme um ihn. Der Wunsch der Nymphe ging in Erfüllung, und es entstand ein Wesen, das beide Geschlechter in sich vereinte. In der Rede des Aristophanes erfährt diese Geschichte nun eine andere Deutung:

„Ich will also versuchen, euch seine (i.e. des Eros) Kraft zu erklären [. . .] Zuerst aber müßt ihr die menschliche Natur und deren Begegnisse recht kennenlernen. Nämlich unsere ehemalige Natur war nicht dieselbe wie jetzt, sondern eine ganz andere. Denn erstlich gab es drei Geschlechter von Menschen, nicht wie jetzt nur zwei, männliches und weibliches, sondern es gab noch ein drittes dazu, welches das gemeinschaftliche war von diesen beiden, dessen Name auch noch übrig ist, es selbst aber ist verschwunden. Mannweiblich nämlich

OBEN: Ithyphallische Terrakottafigur aus Böotien, wahrscheinlich Bestandteil eines Erdkultes. Höhe 11 cm, 6. Jh. v. Chr. (Archäologisches Nationalmuseum, Athen, Nr. 938)

LINKS: Zwei Mädchen, eines nackt, das andere bekleidet, tanzen um einen großen Phallus und erinnern damit an ein altes Ritual, bei dem der Maibaum als Symbol des Phallus für den Beginn des Frühlings und die Erneuerung der Fruchtbarkeit steht. In Bourani, im Norden Griechenlands, findet bis auf den heutigen Tag alljährlich ein Fest statt, bei dem der Tanz um den phallischen Maibaum im Mittelpunkt steht. (Villa Giulia Museum, Rom, Nr. 50404)

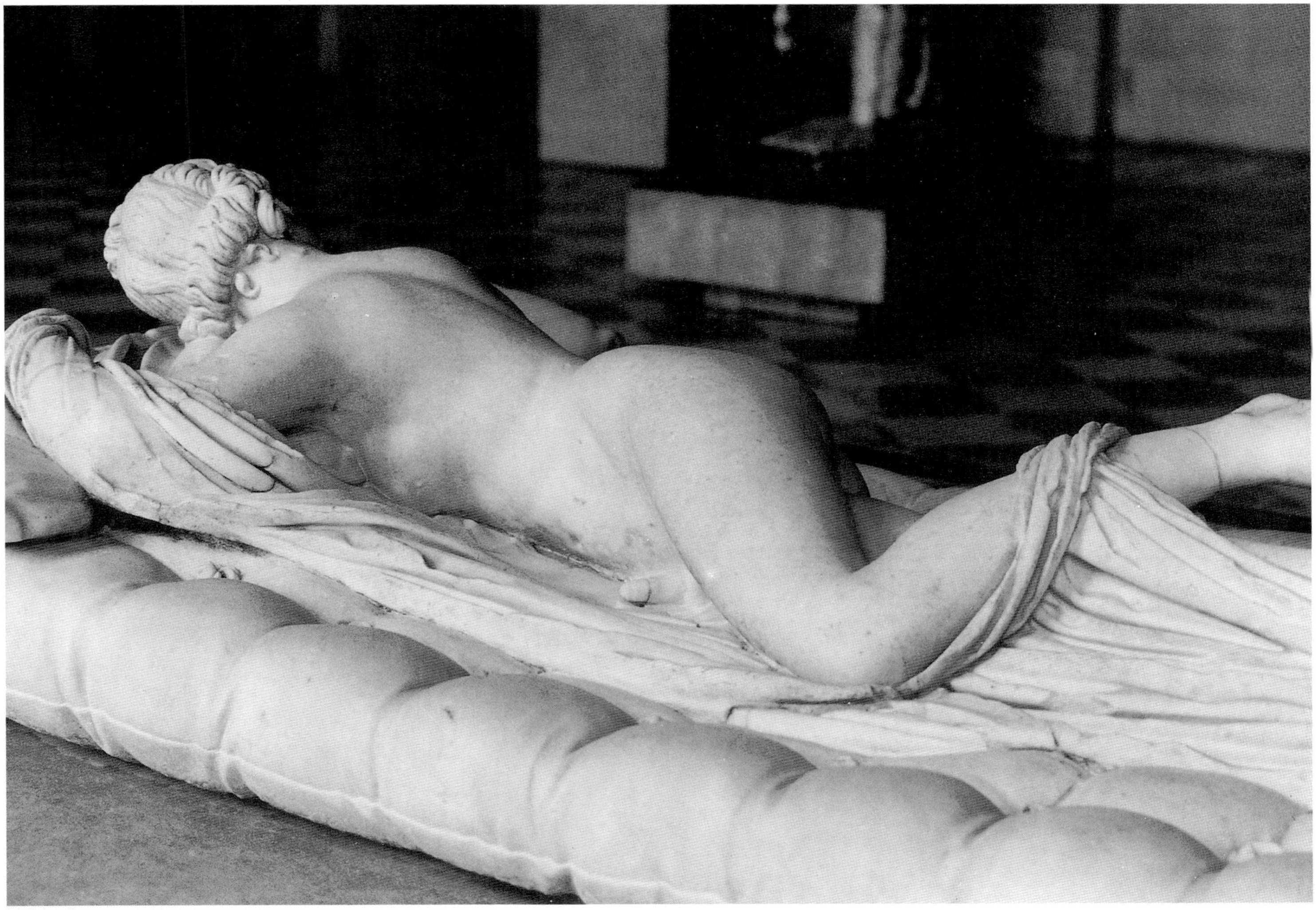

war damals das eine, Gestalt und Benennung zusammengesetzt aus jenen beiden, dem männlichen und weiblichen, jetzt aber ist es nur noch ein Name, der zum Schimpf gebraucht wird."

Der berühmte schlafende Hermaphroditos im Louvre weist alle Eigenschaften der doppeldeutigen Schönheit des dritten Geschlechts auf.

In der fingierten Rede des Aristophanes nimmt Platon die Zweigeschlechtlichkeit des Hermaphroditos zum Anlaß, um seine – zugegebenermaßen recht eigenartige – Theorie des Ursprungs der Geschlechter darzulegen. Danach hatten alle drei Geschlechter – das männliche, das weibliche und das zwitterhafte – ursprünglich zwei Köpfe und vier Beine, auf denen sie sich radschlagend fortbewegten. Im Laufe der Zeit jedoch wurden sie immer übermütiger, bis sie schließlich sogar planten, die Götter anzugreifen, woraufhin Zeus zur Strafe jeden in zwei Hälften teilte und ihre „Schamteile nach vorne verlegte":

„Also sucht nun immer jedes sein anderes Stück. Welche Männer nun von einem solchen Gemeinschaftlichen ein Schnitt sind, was damals Mannweib hieß, die sind weiberliebend [. . .] und so auch, welche Weiber männerliebend sind [. . .], die kommen aus diesem Geschlecht. Welche Weiber aber Abschnitte eines Weibes sind, die kümmern sich nicht viel

OBEN: Der schlafende Hermaphroditos auf seinem Lager. Römische Kopie eines verlorengegangenen griechischen Originals. Das Polster, auf dem die Figur ruht, und wahrscheinlich noch ein paar andere Details wurden um 1620 von Gian Lorenzo Bernini hinzugefügt. Länge 1,50 m, 2. Jh. v. Chr. (Louvre, Paris, Nr. Ma 231)

LINKE SEITE: Die Darstellung eines Mannes, der das Gewand einer Frau lüftet, entbehrt nicht eines gewissen ironischen Seitenhiebs: Der Hahn, links im Bild, war die typische Liebesgabe unter Homosexuellen. Vielleicht war also der Weinkrug mit diesem Bild das Geschenk eines Mannes an einen Freund, der den Hintergrund dieses Scherzes verstand: Er hatte wohl noch nie eine Prostituierte unbekleidet gesehen. (Tarquinia Museum, Italien, Nr. 2989)

um die Männer, sondern sind mehr den Weibern zugewendet [. . .]; die aber Schnitte eines Mannes sind, suchen das Männliche auf [. . .]."

Seit Zeus die drei ursprünglichen Geschlechter geteilt habe, suchten daher die Menschen nach ihrer verlorengegangenen zweiten Hälfte. Und wenn sie ihr dann begegneten, ereilte sie die Liebe auf den ersten Blick.

„Wo die glühende Sappho liebte und sang"

Die Bezeichnung „lesbische Liebe" für weibliche Homosexualität leitet sich vom Namen der Insel Lesbos ab, der Heimat der einzigen uns bekannten Lyrikerin der Antike, Sappho, die keinen Hehl aus ihrer homosexuellen Neigung machte.

Auf kaum einem erhaltenen griechischen Gemälde sehen wir Darstellungen lesbischer Liebe. Eine Ausnahme stellt das Vasenbild zweier Hetären im Bad dar (s. Abb. S. 83). Die Tatsache, daß die eine Frau die Genitalien der anderen berührt, könnte vor dem Hintergrund zahlreicher Vasenmalereien, bei denen eine derartige Geste unter Männern als eindeutiges Zeichen für Liebe zu deuten ist, durchaus eine sexuelle Bedeutung haben.

Wir können davon ausgehen, daß Sappho, die um 600 v. Chr. lebte, junge Mädchen im Singen und Tanzen unterrichtete, um sie auf die zahlreichen Feste vorzubereiten, die im Laufe des Jahres auf Lesbos gefeiert wurden. Ihre äußerst dichten Liebesgedichte richten sich beinahe ausschließlich an junge Frauen. Bereits zu Lebzeiten genoß Sappho großen Ruhm, und ihr Werk – leidenschaftlich, einfach und direkt, darin sich radikal von den Arbeiten ihrer männlichen Zeitgenossen unterscheidend – war mit Sicherheit auch Platon bekannt. Unglücklicherweise sind nur zwei ihrer Oden im vollständigen Wortlaut erhalten. Alle anderen Arbeiten existieren nur noch als Fragmente,

Die Hetäre auf diesem großen, bei Symposien gereichten Trinkgefäß scheint dem Esel mit erigiertem Penis mehr als nur einen Schluck Wein anzubieten. Derbe Geschichten und Zoten dieser Art wurden später von dem römischen Autor Lucius Apuleius, der im 2. Jh. als junger Mann Griechenland bereist hatte, in seinen Roman „De asino aureo" aufgenommen. Hauptfigur darin ist ein Mann, der in einen Esel verwandelt wird und daraufhin in Griechenland etliche Abenteuer erlebt. Skyphos von Epiktetos, 5. Jh. v. Chr. (Archäologisches Museum, Neapel, Nr. RP 27669)

zumeist auf ägyptischen Papyri, die dank der trockenen Hitze der Wüste überdauert haben – auch dies ein Indiz dafür, welch weite Verbreitung ihr Ruhm und ihr Einfluß fanden.

Wohl hab ich sie unterrichtet
diese Heldin:
behendes Mädchen
aus Gyaros.

Unbekleidete Hetären bei der Toilette. Dieses Trinkgefäß war von einem Mann für Männer angefertigt worden, nämlich für die Teilnehmer eines Gastmahls. In der Bildsprache jener Zeit deutete das Berühren der Genitalien eines Mannes durch einen anderen Homosexualität an. Es ist durchaus denkbar, daß parallel dazu in dieser Darstellung auf eine lesbische Beziehung angespielt werden soll. Kylix von Apollodorus, 5. Jh. v. Chr. (Tarquinia Museum, Italien)

Sapphos bekanntes Gedicht über das erste Verliebtsein, die Eifersucht und die Betroffenheit über den Verlust der Freundin an den Bräutigam vermittelt eine Atmosphäre der Erotik und des Schmerzes, die unübertroffen ist:

Mich bedünkt, es gleiche den Göttern jener
Jüngling, welcher dir gegenüber sitzt und
nahe deinem süßen Gespräch sich, deinem
schmelzenden Lachen

lauschend zuneigt. Mir aber, ach, erschreckte
dies im Busen wahrlich das Herz; denn schau ich
flüchtig nur hinüber zu dir, versagt mir
völlig die Stimme,

und mir ist die Zunge gelähmt, ein feines
Feuer unterläuft mir die Haut urplötzlich;
mit den Augen sehe ich nichts, ein Dröhnen
füllt mir die Ohren,

OBEN: Hermes, den Knaben Dionysos auf dem Arm haltend. Die einzige Statue des Praxiteles, die noch erhalten ist, 4. Jh. v. Chr. Hermes war nicht nur der Sohn des Zeus und der Maia, sondern auch der Vater des Hermaphroditos, den er mit Aphrodite zeugte. Außerdem gilt er als der Erfinder der Lyra – dem Instrument aus den Gedärmen einer Kuh und dem Panzer eine Schildkröte –, die er Apollo überreichte. (Museum, Olympia)
RECHTS: Frau mit zwei Dildos (gr. *olisboi*, für gewöhnlich aus Leder gefertigt) und einem Becken. Auch dies ein Bild, das der männlichen Phantasie entsprang. Die Szene, die Epiktetos auf den Boden eines Trinkbechers malte, dessen Bruchstücke sich heute in St. Petersburg befinden, wurde auf einen Krug übertragen.

und der Schweiß rinnt nieder, und meinen ganzen
Leib befällt ein Zittern, und bleicher bin ich
als das Gras, und nahe bereits dem Tode
schein' ich [. . .]

Sappho hatte eine Tochter namens Kleis:

Ja, ich habe ein schönes Kind,
golden aufgeblühten Blumen
gleichgeraten an Gestalt: Kleis, die einzig liebe;
nicht um alles Lyderland tausch ich sie [. . .]

Sappho war wohl in Wirklichkeit eine eher kleine, unscheinbare Frau. Daß Sokrates sie „die schöne Sappho" nennt, scheint eher der Schönheit ihrer überragenden Verse zu gelten.

OBEN: Skulptur, die Sappho, möglicherweise aber auch Aphrodite darstellen könnte. Römische Kopie. (Archäologisches Museum, Korinth, Griechenland, Nr. T246)

Sokrates und die Liebe

Sokrates bedient sich im Symposion der Worte der Diotima aus Mantinea, um seinen eigenen Standpunkt zum Thema der Liebe zu verdeutlichen. Das Zitieren eines Gesprächs mit einer – möglicherweise erfundenen Frauengestalt – erscheint ungewöhnlich genug:

„Denn die Liebe, o Sokrates, geht gar nicht auf das Schöne, wie du meinst. – Sondern worauf denn? – Auf die Erzeugung und Geburt im Schönen. [. . .] – Warum aber auf die Erzeugung? – Weil eben die Erzeugung das Ewige ist und das Unsterbliche, wie es im Sterblichen sein kann. [. . .] Notwendig geht nach dieser Rede die Liebe auch auf die Unsterblichkeit."

Nachdem Sokrates seine Ausführungen beendet hat, stößt Alkibiades, ein hübscher, jedoch großspuriger junger Mann, in Begleitung einiger Freunde zu den Gästen des Symposions. Als Adoptivsohn des Perikles saß Alkibiades sozusagen an der Quelle der Macht, weshalb man ihm mit einiger Vorsicht und Zurückhaltung begegnete. Er wählt seine Liebe zu Sokrates zum Gegenstand seiner Rede:

„Da ich nun glaubte, daß er (i.e. Sokrates) sich ernstlich Mühe gäbe um meine Schönheit, hielt ich das für einen herrlichen Fund und für ein überglückliches Ereignis [. . .] Also lade ich ihn zur Mahlzeit, ordentlich wie ein Liebhaber seinem Liebling nachstellt. Auch das gewährte er mir nicht einmal gleich, doch mit der Zeit ließ er sich überreden. Als er nun zum erstenmal da war, wollte er nach der Mahlzeit fortgehen, und damals schämte ich mich noch und ließ ihn. Ein andermal aber stellte ich es listiger an und sprach mit ihm, nachdem er abgespeist, bis tief in die Nacht hinein, und als er nun gehen wollte, nahm ich den Vorwand, daß es schon spät sei, und nötigte ihn zu bleiben. Also legte er sich nieder auf dem Polster neben dem meinigen, wo er auch bei der Mahlzeit gesessen hatte, und niemand sonst schlief in dem Gemach als wir. [. . .] Als nämlich, ihr Männer, das Licht nun ausgelöscht war und die Diener hinausgegangen, dachte ich, nun dürfte ich nicht länger Umschweife mit ihm machen, sondern gerade heraussagen, wie ich es meinte. [. . .] Du dünkst mich, sagte ich, der einzige unter meinen Liebhabern zu sein, der es wert ist, und mir scheint, als trügest du Bedenken, mit mir davon zu reden. Ich aber, wie ich gesinnt bin, würde es für ganz unvernünftig halten, wenn ich dir nicht auch hierin gefällig sein wollte und in allem, was du irgend sonst von dem Meinigen oder von meinen Freunden brauchst. Denn mir ist ja nichts wichtiger, als daß ich so trefflich werde als nur möglich, und hierzu, glaube ich, kann niemand mir mehr förderlich sein als du. [. . .] Als er dies gehört, sagte er ganz spöttisch und recht wie er pflegt: O guter Alkibiades, du scheinst wahrlich gar nicht dumm zu sein, wenn das wahr ist, was du von mir sagst, und es eine Eigenschaft in mir gibt, durch welche du besser werden könntest und dann eine gar wunderbare Schönheit an mir erblicktest, die deine Wohlgestalt um gar vieles übertrifft. Wenn du also dieses sehend, in Gemeinschaft mit mir treten und Schönheit gegen Schönheit austauschen willst: so gedenkst du ja mich nicht wenig zu übervorteilen und suchst für den bloßen Schein derselben das wahre Wesen der Schönheit zu gewinnen [. . .]"

Alkibiades, der sich durch diese Bemerkung nicht einschüchtern läßt, versucht daraufhin, den Sokrates zu verführen, indem er seinen Mantel und seinen Arm um ihn legt. Doch Sokrates schläft ungerührt ein.

„[. . .] und ich stand auf, ohne daß ich ihn weiter zu Worte kommen ließ, warf dieses mein Kleid über, denn es war Winter, und legte mich unter seinen Mantel, indem ich mit beiden Armen diesen göttlichen und in Wahrheit ganz wunderbaren Mann umfaßte, und so lag ich die ganze Nacht. [. . .] wißt es nur, bei Göttern und Göttinnen, daß, nachdem ich so mit Sokrates geschlafen hatte, ich aufstand, ohne etwas weiteres, als wenn ich bei meinem Vater oder älteren Bruder gelegen hätte."

Das Symposion vermittelt uns nur einen eher abstrakten Eindruck davon, was Platon und seine Freunde über die Liebe und die Frauen dachten. Etwas konkreter äußert sich der Philosoph in einem anderen seiner Dialoge, der „Politeia". In diesem Entwurf einer idealen Gesellschaft tritt er für eine gleiche Bildung und Erziehung von Männern und Frauen ein und widerspricht damit radikal den zu seiner Zeit in Griechenland geltenden Normen. Aristoteles dagegen, einer seiner Schüler an der Akademie, vertrat die Ansicht, Frauen seien unvollkommene Wesen, in gewisser Weise nicht vollendete Männer, weshalb es auch unvernünftig sei, ihnen Bildung zukommen lassen zu wollen Die Bildung einer Frau nutze nicht einmal ihren Kindern, da alle angeborenen Eigenschaften eines Kindes aus dem Sperma des Mannes stammten. Zum Thema Liebe vertrat-Aristoteles einen ähnlich rigiden Standpunkt. Er glaubte, daß alles in der Natur von Ursache und Wirkung abhängig sei, mit anderen Worten, daß Menschen sich ausschließlich mit Blick auf den Gewinn und Nutzen, den sie aus einer Beziehung ziehen können, lieben würden.

Platon und Aristoteles vertraten also Positionen, die sich radikal voneinander unterschieden. Gemeinsam ist ihnen jedoch, daß sie als Männer in einer männlich dominierten Gesellschaft argumentierten. Welchen Einfluß aber hatten derartige Einstellungen auf das Leben der Frauen?

RECHTS: Mosaik, das Sappho darstellen soll. Der Legende nach verliebte sich die Dichterin gegen Ende ihres Lebens in einen schönen, jungen Fischer aus Lesbos namens Phaon und beging schließlich Selbstmord, indem sie sich von den Klippen der griechischen Insel Levkas stürzte. 1,15 x 2 m, 3. Jh. v. Chr. (Sparta Museum, Peloponnes, Griechenland)

6 *Frauen in Athen*

RECHTE SEITE: Zwei Griechen schlagen auf eine am Boden liegende Amazone ein. Die äußerst lebendig wirkenden Figuren entstammen dem Fries, das ursprünglich das riesige, im 4. Jh. v. Chr. erbaute Mausoleum von Halikarnassos zierte. Kein Bestandteil des Gebäudes befindet sich heute noch an seinem Ursprungsort. (British Museum, London, Nr. 1014)
UNTEN: Hetären, die sich – vielleicht in Vorbereitung auf ein Symposion – an einem Becken waschen. Um 430 v. Chr. in Athen entstandenes Bild auf einer kleinen Vase. (British Museum, London, Nr. GR 1867.5-8, 1041)

Kaum jemand weiß soviel über das Leben der griechischen Frauen in der Antike wie Ellen Reeder, Kuratorin für Alte Kunst der Walters Art Gallery in Baltimore, USA. Anläßlich der Eröffnung der Baseler Ausstellung „Pandora" zum Thema „Frauen im klassischen Griechenland" sprach sie darüber, welchen Stellenwert die Liebe für die Braut bei ihrer Eheschließung hatte:

„Man muß davon ausgehen, daß jede Heirat arrangiert war. Als sicher kann weiterhin gelten, daß ein junges Mädchen im Alter von etwa vierzehn Jahren verheiratet wurde, und zwar mit einem Mann, den sie zuvor nie gesehen hatte. Dennoch glaube ich, daß eine Braut ihrer Hochzeit mit großen Hoffnungen und Erwartungen entgegensah. Schließlich war sie so erzogen worden, auf diesen Moment hin zu leben. An ihrem Hochzeitstag hielt sie sich für die schönste und begehrenswerteste aller Frauen.

Die Gesellschaft vermittelte ihr das Gefühl, daß sie sich auf dem Höhepunkt ihrer Weiblichkeit und Attraktivität befand. Daß sie sexy war und begehrenswert aufgrund ihrer Fruchtbarkeit, ihrer Mitgift sowie ihrer Fertigkeiten im Herstellen von Stoffen und Gewändern. Man hatte sie davon überzeugt, daß es einem Mann im Augenblick ihrer Hochzeit unmöglich war, sich nicht in sie zu verlieben.

Verheiratete Frauen dürften davon gewußt haben, wenn ihre Männer eine Affäre mit einer ihrer jungen Sklavinnen hatten. Dennoch und trotz der im antiken Griechenland vorherrschenden Haltung Frauen gegenüber, ist davon auszugehen, daß die Eheleute regelmäßig Geschlechtsverkehr hatten. Aristophanes liefert dafür den Beleg. Schließlich ist die Prämisse, von der er in seiner Komödie „Lysistrata" ausgeht, daß die Frauen ein Mittel in der Hand haben, um gegen den Krieg einzutreten, indem sie ihren Männern den Beischlaf verweigern. Wie wir wissen, erweist sich dieses Mittel als äußerst wirkungsvoll. Die Männer sind verwirrt und leiden darunter, daß ihre Frauen sich ihnen entziehen."

Frauen, Krieg und Liebe

Liebe und Sex sind das eine Hauptthema in „Lysistrata"; das andere ist der Krieg zwischen Athen und Sparta, der 412 v. Chr., dem Jahr, in dem Aristophanes seine Komödie schrieb,

RECHTS: Szene aus der Komödie „Lysistrata" von Aristophanes. Die Titelheldin überredet die anderen Frauen dazu, einen Eid zu schwören, daß sie sich ihren Männern und Freunden so lange verweigern, bis Athener und Spartaner den seit Jahren tobenden Krieg beenden. Die Szene wurde für die Fernsehproduktion von „Liebe in der Antike" in Athen unter der Regie von Christopher Miles inszeniert. Die Darstellerinnen sind (von links nach rechts) Constantina Varsami, Alexandra Pavlidou, Antigone Amanitou (als Lysistrata) und Maria Panourgia.

OBEN: Terrakottafigur einer griechischen Frau beim Kornmalen. Rhodos, 450 v. Chr. (British Museum, London)

bereits seit zwanzig Jahren andauerte, und nur von einer kurzen Periode des Friedens unterbrochen wurde, die der Sieg der Athener bei Sphakteria eingeleitet hatte. Bei Aristophanes beschließen die Frauen Athens und Spartas, sich ihren Männern zu verweigern, bis sie dem Kämpfen endlich ein Ende machen. Das Stück, das streckenweise äußerst komisch ist, wird auch heute noch aufgeführt, und seine Botschaft über die Nutzlosigkeit von Kriegen ist in der Gegenwart genauso aktuell wie vor 2500 Jahren.

Die Möglichkeit einer derartigen Rebellion der Frauen dürfte den Griechen besonders amüsant erschienen sein, erwarteten sie doch von ihnen, schwach und gehorsam zu sein und den größten Teil ihres Lebens hinter den schützenden Mauern des Hauses ihrer Eltern oder ihres Ehemanns zu verbringen. Der einzige Ort, an dem sie sich treffen konnten, war der Brunnen. So sucht Lysistrata dort auch nach Verbündeten für ihren Plan, als sie die Frauen von Athen dazu überredet, sich ihren Männern und Liebhabern zu verweigern, auf daß, wie sie sagt, ihre Pantoffelspitzen nie zur Decke zeigen. Als alle in den Plan eingewilligt und den Schwur geleistet haben, wird eine Frau namens Lampito nach Sparta entsandt, um die Frauen dort von ihrem Vorhaben zu unterrichten. Währenddessen eilen Lysistrata und die anderen zur Akropolis hinauf, wo sich die älteren Athenerinnen bereits verschanzt haben.

Nach einer Weile zeitigt die Beischlaf-Abstinenz bei den Männern Athens und Spartas furchtbare Wirkung. Zur Aufführungspraxis griechischer Komödien gehörte es, daß die Schauspieler große Phalli trugen, die in diesem Fall aufgerichtet wurden, um gigantische, schmerzhafte Erektionen anzudeuten. Die Männer entscheiden schließlich, Friedensverhandlungen aufzunehmen, Sparta entsendet zu diesem Zweck eine Delegation nach

Athen und das Stück endet mit der Unterzeichnung eines Friedensvertrages: Lysistrata hat gesiegt.

Adonis und das Fest der Frauen

Eine weitere, allerdings seltenere Gelegenheit für die griechischen Frauen, außerhalb des Hauses zusammenzukommen, bot sich während der zu Ehren des Adonis abgehaltenen Feiern, der sogenannten Adonia oder Thesmophorien. Das Fest wurde veranstaltet, um den Tod des schönen, jungen Adonis zu beklagen. Jedes Jahr im Juni war von allen Dächern der Stadt das Klagegeheul der Athenerinnen zu hören.

Die Legende von Adonis hat ihren Ursprung in Syrien, von wo aus sie über Zypern schließlich bis nach Griechenland gelangte. „Adonai", das hebräische Wort für „Herr", und ähnlich lautende Wörter lassen sich auch in anderen semitischen Sprachen finden. Dem ursprünglichen Mythos zufolge war Adonis der Liebhaber der Erdgöttin Inanna oder Ischtar; die griechische Legende dagegen berichtet, er sei der inzestuösen Beziehung zwischen König Kinyras von Zypern und seiner Tochter Myrrha entsprungen. Demnach sei Myrrha in Liebe zu ihrem Vater entbrannt und habe ihn mit Hilfe ihrer Amme eines Nachts durch eine List dazu gebracht, ihr beizuschlafen. Als Kinyras gewahr wurde, was geschehen war, raste er vor Zorn. Myrrha floh aus dem Palast und flehte Zeus um Schutz an. Der Gott verwandelte sie in einen Myrrhenbaum, dessen Stamm zehn Monate später aufsprang und das Kind Adonis hervorbrachte.

Zwei mit Himatien bekleidete Männer, von denen der eine überrascht auf die Erektion des anderen hinabblickt. Das Motiv spielt auf die „Lysistrata" des Aristophanes an. Dort kommen die Spartaner nach Athen, um sich über die Enthaltsamkeit ihrer Frauen zu beklagen, und stellen fest, daß ihre Gegner genauso wie sie unter qualvollen Erektionen leiden. Auf der Bühne wurde dieser Umstand allerdings auf weitaus weniger diskrete Weise dargestellt als auf diesem Vasenbild. (Tarquinia Museum, Italien, Nr. 692)

Darstellung eines Symposions mit Hetären auf der Unterseite einer Kylix. Das Mädchen rechts im Bild hält ihren Trinkbecher hoch, als ob sie zum *kottabos* auffordern wollte, einem bei den Symposien beliebten Spiel, bei dem es darauf ankam, einen Weinrest im hohen Bogen auf die Person zu schleudern, die man zur Liebe auserwählt hatte. Sie lehnt sich gegen das nackte Bein des Mannes ganz rechts, dessen Chiton hinabgeglitten ist, so daß seine Genitalien zu sehen sind. Das Mädchen links hält dem zweiten Mann ihren geleerten Trinkbecher hin. Ca. 470–460 v. Chr. (Antikenmuseum, Basel)

Gefesselt von der Schönheit des Kindes, verbarg Aphrodite es in einer Truhe, die sie Persephone, der Königin der Toten, anvertraute. Die von Neugier geplagte Persephone widersetzte sich jedoch den Anweisungen Aphrodites und öffnete die Truhe. Beim Anblick des schönen Adonis verliebte auch sie sich so sehr in ihn, daß sie nicht bereit war, ihn Aphrodite zurückzugeben. Zornig wandte sich nun die Göttin an Zeus, der entschied, daß Adonis die eine Hälfte des Jahres bei Persephone, die andere bei Aphrodite verbringen sollte.

Doch nun wurde der Kriegsgott Ares, der Aphrodite liebte, von Eifersucht verzehrt. Eines Tages, als Adonis in den Wäldern auf Jagd war, verkleidete sich Ares als wilder Eber, spießte den Nebenbuhler mit seinen Hauern auf und tötete ihn. In ihrer ganzen Verzweiflung verwandelte Aphrodite die zu Boden fallenden Blutstropfen des Geliebten in das Adonisröschen. Noch heute wird die Blume in manchen Regionen „das Blut des Adonis“ genannt, wenn sie, wie Adonis jährlich aus dem Reich der Toten zurückkehrte, im Frühjahr aus der Erde sprießt.

Anläßlich der Thesmophorien legten die Frauen sogenannte Adonisgärten an, flache, mit Erde angefüllte irdene Gefäße, in die die Samen schnell wachsender Pflanzen wie Lattich oder Fenchel gesetzt wurden. Mit Bedacht wurden die Sämlinge nur spärlich begossen, damit sie, das Schicksal des Adonis nachvollziehend, in der Sommerhitze rasch aufgingen und frühzeitig abstarben. Angesichts des Todes der Pflanzen beweinten dann die Frauen wie Aphrodite die allzu frühe Rückkehr des Adonis in die Totenwelt.

Auf einem in der Ausstellung „Pandora“ gezeigten Vasenbild ist eine Frau zu sehen, die über eine Leiter auf das Dach ihres Hauses steigt, während Eros ihr ein zerbrochenes Tongefäß mit jungen Pflanzen reicht (s. Abb. S. 93). Die andere Hälfte des Gefäßes liegt auf dem Boden neben einer Urne mit Weihrauch, in der sich vor allem Myrrhe befindet, zu Ehren von Myrrha, der Mutter des Adonis. Dr. Reeder weist darauf hin, daß auch das Adonisfest eine Form der Rebellion der Frauen darstellte. Indem sie mutwillig die Pflanzen vertrocknen ließen, handelten sie den Erwartungen zuwider, die in sie als Mütter gesetzt wurden. Zudem beweinten sie den Tod eines Jünglings, dem es an Männlichkeit mangelte, der keinen Sohn hervorbrachte und ganz offensichtlich als Jäger unfähig war, also in nichts dem Ideal des griechischen Mannes entsprach.

Selbst heute noch säen in manchen Dörfern Makedoniens die Frauen neun Tage vor Ostern, am letzten Freitag vor der Karwoche, Sämereien in flache Tongefäße. Nach dem Grund befragt, antwortete eine von ihnen: „Es ist die Zeit der Adonisgärten.“ Doch weder sie noch eine ihrer Freundinnen konnten sagen, wo die Wurzeln für diesen Brauch liegen.

OBEN: Die kleine Lekythos (Ölgefäß) zeigt eine Frau, die in Vorbereitung des Adonisfestes über eine Leiter auf das Dach ihres Hauses steigt, während Eros ihr ein zerbrochenes Gefäß mit sprießenden Sämereien reicht. Meidiasmalerei, Höhe 14 cm. (Badisches Landesmuseum, Karlsruhe)

LINKS: Zwei Männer mit einer Hetäre auf der Kopie eines Gefäßes.

RECHTS: Gesicht einer Frau auf einer Oinochoe, die sich im Besitz der Eremitage von St. Petersburg befindet. Eine zweite, fast identische Weinkanne dieser Art wird in Berlin aufbewahrt. Die Gesichter der Frauen auf beiden Gefäßen zeigen ein bezauberndes Lächeln und leicht niedergeschlagene Augen, die *aidos* verraten, jene sittsame Bescheidenheit, die einem jungen Mädchen geziemt. Gefunden in Vulci, Italien. Höhe 27 cm, signiert von Charinos.
UNTEN: Vasenbild eines nackten Mannes, der eine nur mit einer Haube bekleidete Frau jagt. Die eingefangene Bewegung, die ineinander verschlungenen Arme und Beine sowie die Tatsache, daß die Frau oder Hetäre sich zu dem Mann umgewendet hat, verleihen dieser Darstellung eine ungewöhnlich erotische Qualität. 6. Jh. v. Chr. (Archäologisches Nationalmuseum, Athen, Nr. 17303)

Die Frau als Gefäß

Die Bedeutung des Brauchs, Adonisgärten anzupflanzen, liegt vor allem in seiner Symbolkraft. Das zerbrochene Tongefäß steht für den zerbrechlichen, nicht berechenbaren Körper der Frau. Dr. Reeder glaubt, daß diese Metapher von großer Bedeutung für das antike Griechenland war. Beispiele dafür finden sich auf zwei herrlichen Vasen, die im ausgehenden 19. Jahrhundert in einem Grab in Vulci gefunden wurden und sich seitdem im Besitz der Museen von Berlin und St. Petersburg befinden. In der „Pandora"-Ausstellung wurden sie erstmals wieder gemeinsam gezeigt.

„Mit dieser Metapher werden Frauen die Merkmale eines Gefäßes oder Behältnisses zugewiesen. Die damit verbundenen Konnotationen sind Schutz, Geheimnis, Schatz, aber auch Entzug oder Verweigerung, Arglist und Verschleierung – Eigenschaften, die den Frauen schon immer und nicht nur von den Griechen zugeschrieben wurden. Damit wird auch die Furcht offenbar, die man vor der Frau als Lebensspenderin hatte, die Ängste, die mit dem Vorgang des Gebärens einhergingen. Schließlich lebten die Griechen in dem Bewußtsein, daß Sexualität, Empfängnis und Fruchtbarkeit der Menschen nicht in ihrer Macht standen. Auch Geburt, Leben und Schicksal ihrer Kinder lagen ihrer Auffassung nach außerhalb ihres Einflußbereichs. Und sie waren sich dessen bewußt, daß das Geschenk des Lebens, das eine Mutter ihrem Kind macht, letzten Endes auch das Geschenk des Todes ist. All das beinhaltet die außerordentlich starke Metapher von der Frau als Gefäß."

Bei griechischen Hochzeiten stand die Braut im Mittelpunkt. Im entscheidenden Augenblick der Zeremonie, der auf einer vermutlich einst als Hochzeitsgeschenk angefertigten Vase festgehalten ist, ergreift der Bräutigam mit einer Geste, die sowohl Herrschaft und Inbesitznahme ausdrückt, das linke Handgelenk der Braut. Zugleich ist dieser Moment aber auch als Moment des Sehens oder Erkennens ein zentraler Bestandteil der Zeremonie, da nun der Schleier vom Gesicht der Frau gehoben wird und

Braut und Bräutigam sich zum ersten Mal erblicken. Über die Signifikanz dieses Augenblicks lassen uns die Quellen nicht im Zweifel. Platon zum Beispiel beschreibt ihn als einen Moment magnetischer Anziehungskraft: Der Blick der Braut macht sie in den Augen des Bräutigams begehrenswert, so daß er sich in sie verliebt, und auch sie kann sich dieser Emotion nicht entziehen. Gemäß der Konvention sieht Eros, Sohn der Aphrodite, der Braut in die Augen. Der Blick zwischen Mann und Frau erweckt die Liebe und das Begehren beider, obgleich sie sich unter Umständen in diesem Moment zum ersten Mal begegnen.

Die Angst der Männer vor verliebten Frauen

Die faszinierendste wie zugleich unersättlichste aller Frauen war Eos, die Göttin der Morgenröte. Auf dem Krug-Bild eines unbekannten Künstlers überragt sie überlebensgroß den jungen Jäger, wahrscheinlich Tithonos, den sie begehrt und verfolgt. Ihre Hände sind gierig ausgestreckt, um ihn zu ergreifen, während er sie voller Angst ansieht. (Damit wird das bekannte Sujet des der Frau nachstellenden Mannes umgekehrt und ein Thema

Eos, die Göttin der Morgenröte, verfolgt hier mit ausgestreckten Händen den jungen Jäger Kephalos. Während er sich ängstlich nach ihr umsieht, hat sich sein Jagdgenosse bereits umgewandt, um in entgegengesetzter Richtung zu fliehen. Daß Eos größer dargestellt ist als die Jünglinge, verleiht ihr ein gewisses mütterliches Aussehen. Zugleich wird hier jedoch eine Frau gezeigt, die jungen Männern nachstellt, um sich mit ihnen sexuell zu vergnügen und damit ein gesellschaftliches Tabu bricht. Krater (Mischkrug), Höhe 37 cm, ca. 440 v. Chr. (Baltimore Museum of Art, Baltimore, USA)

Amazone beim Angriff auf einen Griechen, der sich durch sein erhobenes Schild vor ihrem Schlag zu schützen sucht. Plutarch leugnete stets die Existenz der von Homer beschriebenen Amazonen, doch Entdeckungen aus jüngster Zeit lassen den Schluß zu, daß es in Südwestasien durchaus einen Stamm gab, der von kriegerischen, zu Pferde kämpfenden Frauen angeführt wurde. Man nimmt an, daß die Männer nach Jahren im Sattel ihre Potenz verloren und ihre Vormachtstellung an die Frauen hatten abgeben müssen. (British Museum, London, Nr. 1014)

angeschlagen, das offenbar einigen sexuellen Reiz besaß.) Eos war dem Mythos zufolge so unersättlich in ihrer Liebe zu Tithonos, daß sie Zeus bat, ihm Unsterblichkeit zu verleihen. Zeus entsprach ihrem Wunsch. Doch als der bedauernswerte Mann immer älter und hinfälliger wurde, erkannte Eos, daß sie versäumt hatte, für ihn auch ewige Jugend zu erbitten. Es überrascht kaum, daß sie schließlich des alten, keifenden Mannes überdrüssig wurde und ihn in eine Zikade verwandelte – in warmen Sommernächten kann man noch immer in den Olivenhainen Griechenlands hören, wie Tithonos versucht, sich aus dem Gefängnis des fremden Körpers zu befreien.

Eos gehört zu dem Typus Frauen, vor dem die Athener die größte Furcht empfanden. Sie lebten in ständiger Angst, daß ihre Frauen bereits beim geringsten Anlaß in ihren primitiven, animalischen Urzustand zurückfallen könnten. Noch deutlicher spiegelt sich die Furcht der Männer vor der Unberechenbarkeit der Frauen in einer anderen starken Frauengestalt wider: der Amazone. In der griechischen Mythologie wie auch in der Kunst begegnet uns die Amazone als Sujet immer wieder. Herodot zufolge gehörten die Amazonen einem Volk von Kriegerinnen an, die im Trojanischen Krieg auf seiten des Priamos gegen die Griechen kämpften. Ihre Königin Penthesilea wurde in der Schlacht von Achilles getötet, der in dem Augenblick, da er ihr mit seinem Schwert das Herz durchbohrte, in Liebe zu ihr entbrannte – ein frühes Beispiel für ein von Haßliebe geprägtes Verhältnis zwischen den Geschlechtern.

Eine bildliche Darstellung der Amazonen findet sich auf einem der Sieben Weltwunder der Antike, dem einst kolossalen und heute vollständig zerstörten Mausoleum von Halikarnassos. Nur einige wenige Fragmente befinden sich heute im British Museum in London. Auf einem Relief sind griechische Krieger zu sehen, die eine Amazone von ihrem Pferd zu reißen versuchen und auf eine andere, bereits am Boden liegende Kriegerin einschlagen. Mit der Sage, die von einem Angriff der Amazonen auf Athen während des Goldenen Zeitalters erzählt, trugen die Griechen später zum Mythos dieser kriegerischen Frauen bei. Militärische Überlegenheit ließ sich am besten demonstrieren, besiegte man einen schwächeren Feind. Frauen, die von den attischen Männern ohnehin gefürchtet wurden, waren somit ein idealer Gegner.

Doch es gab noch weitere Furcht und Schrecken verbreitende Frauengestalten: Jeder, der Medusa, eine der drei Gorgonen, deren Kopf Schlangen entsprossen, ansah, erstarrte zu Stein. Die zauberkundige Medea, die den Palast ihres Vaters Aietes verließ, um Jason zum Goldenen Vlies zu verhelfen, tötete, als Jason sie verlassen hatte, in einem Akt grausamer Rache ihre eigenen Kinder. Die Mänaden tätowierten ihre Körper und feierten auf den Gipfeln der Berge Orgien, bei denen sie in Gesellschaft eines mit einem Ziegenfell bekleideten Mannes, der den Gott Pan verkörperte, um einen Stein in Form eines großen Phallus tanzten.

Das Relief auf der griechischen Begräbnisvase scheint zeigen zu wollen, daß über alle Gegensätze der Geschlechter hinweg im Angesicht des Todes wahre Liebe zum Ausdruck kommen kann. Der Verstorbene hat die Hand seiner Frau ergriffen, die – da sie ihn, den Toten, nicht länger sehen kann – zu Boden schaut, während sein Blick voller Liebe und Zärtlichkeit ist. Der lediglich gemalte Stock, auf den er sich ursprünglich lehnte, ist nicht mehr sichtbar. Unter dem Namen „Münchner Lekythos“ bekannte Vase. (Glyptothek, München, Nr. GL 498)

Phallische Symbole

Ein alltäglicher Anblick im antiken Athen waren Hermen, Büstensäulen, die als Glückssymbole dem Schutzgott der Reisenden, Hermes, geweiht waren und an Straßen, Weggabelungen und vor Häusern aufgestellt wurden. Auf einer viereckigen Säule, an der ein eregierter Phallus angebracht war, thronte eine Büste des Gottes. Sinnbild dafür, daß die starke männliche Bevölkerung Athens die Stadt vor Eindringlingen zu schützen wußte. Hermes, der Sohn des Zeus und der Nymphe Maia, Tochter des Atlas, erfand die Leier und schenkte sie Apollon. Das Instrument ist Bestandteil vieler Darstellungen des Gottes Hermes. Aber auch auf dem Kylix-Bild, das Apollon bei der Zeremonie eines Trankopfers zeigt. Deutlich ist die Bauweise der Leier mit den über einen leeren Schildkrötenpanzer gespannten Darmsaiten zu sehen.

Zeus ernannte Hermes zum Götterboten und gab ihm geflügelte Sandalen, mit denen er schnell wie der Wind über die Erde eilen konnte, sowie einen runden Hut, der ihn auf seinen langen Reisen vor der Sonne schützen sollte. Manchen Mythen zufolge war einer von Hermes' vielen Söhnen Pan, der in Arkadien lebte und die Ohren und Beine einer Ziege hatte. In seiner sexuellen Begierde war Pan unersättlich: die Nymphe Syrinx stürzte sich in den Fluß Ladon und nahm die Gestalt eines Schilfrohrs an, nur um seinen Nachstellungen zu entkommen. Als Pan sie im Schilf nicht mehr entdecken konnte, schnitt er einige Rohre ab, fertigte daraus eine Flöte und lehrte die Hirten, darauf zu spielen.

Der Philosoph Diogenes, dessen Wirken in die Zeit kurz nach Platons Tod fällt, berichtet davon, daß Pan auch der Nymphe Echo nachstellte (ob sie identisch ist mit der Nymphe, die später an ihrer unglücklichen Liebe zu Narziß zugrunde ging, ist unklar). Doch vergeblich suchte er in den Bergen und Tälern nach ihr, bis Hermes schließlich Mitleid mit seinem

OBEN: Herme aus Siphnos. Marmor, ca. 520 v. Chr. (Archäologisches Nationalmuseum, Athen, Nr. Ap3728)

LINKS: Eine seltene, weiße Kylix aus Delphi mit einem Bild des Apollon, der Herr über mehrere Orakelstätten war. Apollon war der Sohn von Zeus und der Leto und wurde als Zwillingsbruder der Artemis auf Delos geboren. Hier sehen wir ihn auf einem Stuhl, einem *diphros,* sitzen und aus einer Phiale, einer flachen Opferschale, ein Trankopfer ausgießen, beobachtet von einem der heiligen Raben. In der linken Hand hält er die Lyra, die Hermes ihm überreicht hat. Ca. 470 v. Chr. (Delphi Museum)

LINKE SEITE: Die Berglandschaft Arkadiens im Westen des Peloponnes. Hier sollen Pan und seine Nymphen umhergestreift sein. Bereits 280 v. Chr. hatte der griechische Dichter Theokrit mit romantischem Unterton über das rustikale Leben der dort ansässigen Hirten geschrieben. In der Renaissance schließlich wurde die Landschaft vollends zum Gegenstand romantischer Verklärung.

GANZ OBEN: Marmorstaue des Pan, der eine Ziege vergewaltigt. Fundort Herculaneum, 1. Jh. n. Chr. (Archäologisches Museum, Neapel, Nr. 27708)
OBEN: Priapische Bronzefigurine eines Silen aus dem nordgriechischen Dodone, 535–525 v. Chr. (Archäologisches Nationalmuseum, Athen)
RECHTS: Marmorstatue des erregten Pan, der den sizilianischen Hirten Daphnis das Spiel auf der Panflöte lehrt. Daphnis wurde als der Erfinder des griechischen Hirtenliedes angesehen. Römische Kopie aus dem 2. Jh. n. Chr., das griechische Original wird auf das 2. Jh. v. Chr. datiert. (Archäologisches Nationalmuseum, Neapel)

Flöte spielender Hirte und seine Herde. Mosaik aus einer römischen Villa, das einem Bild des berühmten griechischen Malers Pausias nachempfunden ist. Ca. 366-330 v. Chr. (Archäologisches Nationalmuseum, Korinth, Nr. A610)

Sohn bekam und ihn in der Kunst der Selbstbefriedigung unterwies. Das neu gewonnene Wissen gab Pan an die Hirten weiter. Ein Relief zeigt ihn im Zustand sexueller Erregung, während er einen Hirtenjungen im Spiel auf der Flöte unterweist; in einer anderen Darstellung befriedigt er seine Lust mit einer Ziege. Pan repräsentierte die zügellose Seite der Liebe, die jeden mit unerwarteter und erschreckender Macht überkommen konnte. Besonders gefährlich war es, Pan während seines Nachmittagsschlafs zu stören. Er brachte dann die Herden in Aufruhr oder suchte die Hirten in furchtbaren Alpträumen heim. Das Ergebnis war in jedem Fall ein Zustand, der auch heute noch nach jenem Gott benannt ist – Panik.

Ein weiteres Wesen, das halb Mensch, halb Tier, anders als Pan aber kein Gott war, ist der Satyr. Auch er streifte durch die Lande, stellte den Nymphen nach und zeigte unverhohlen seine sexuelle Erregung. Die Bronzefigur eines Satyrs aus der Zeit um 530 v. Chr. gehört zu den beliebtesten Postkartenmotiven der nach Griechenland reisenden Touristen.

Der Sage zufolge existierten anfänglich neben den Satyrn auch noch die Silene, die sich kaum von ersteren unterschieden. Später jedoch verband man mit dem Namen Silen nur noch den fetten, zügellosen Erzieher des Dionysos, Gott des Weins und der Ausschweifungen.

Auch Dionysos war ein Sohn des Zeus. Dieser hatte ihn mit einer Sterblichen – Semele, der Tochter des Königs von Theben – gezeugt. Hera, die eifersüchtige Gattin des Zeus, schwor Rache und griff zu einer List. Als ob sie daran zweifelte, daß Semeles Liebhaber tatsächlich ihr eigener Gatte war, schlug sie ihr vor, ihn zu bitten, sich ihr in seiner wahren Gestalt zu zeigen. Zeus entsprach der Bitte und fuhr als Blitz hernieder, der Semele tötete. Doch er entnahm ihrem Leib den Säugling Dionysos, den er von Silen und den Nymphen erziehen ließ.

Um 300 v. Chr. wurde auf der heiligen Insel Delos ein ungewöhnlicher Tempel zu Ehren des Dionysos errichtet, der unter dem Namen Stoibadeion bekannt ist. Im vorderen Hof standen sich an den kurzen Seiten zwei Säulen mit riesigen Phalli gegenüber. Heute sind nur noch die Stümpfe dieser Säulen erhalten, das Relief eines jungen Hahns auf einer der beiden Säulen, der anstelle eines Kopfes einen Phallus auf dem Hals trägt, ist aber noch erkennbar. Auf der der Sonne zugewandten Seite findet sich eine Gruppe Mänaden mit Dionysos, auf der Schattenseite die kleineren Figuren von Silen und Pan.

RECHTS: „Barberinischer Faun", Marmorstatue. Der schlafende Faun – das römische Äquivalent zum griechischen Satyr – stammt wahrscheinlich von der Hand eines in Rom lebenden griechischen Bildhauers des 1. Jhs. In der Renaissance entdeckt, rettete ein Papst die Statue, deren Schönheit er bewunderte, vor der Zerstörung. Jahrhunderte später, während der zwischen den europäischen Mächten geführten Verhandlungen über territoriale Fragen nach der Niederlage Napoleons, forderte der bayrische König Maximilian I. von Papst Pius VII. eben diesen Faun. Heute befindet sich die Statue in der Münchner Glyptothek.

RECHTE SEITE: Relikt aus dem Dionysostempel oder Stoibadeion auf Delos. Die Säulen in den Ecken waren mit überdimensionalen Phalli verziert. Auf der hier abgebildeten Säule sieht man Dionysos, der mit einigen Mänaden tanzt. Der Bau des Tempels, der um 300 v. Chr. entstand, wurde von Carystios, einem Bewohner der Insel, finanziert. (Delos, Griechenland)

7 *Die Verstümmelung der Hermen*

Rechte Seite: Angeblich ein Porträt des Alkibiades, der in Platons „Symposion" darüber berichtet, daß er vergeblich versucht hat, Sokrates zu verführen. Das Gastmahl muß im Jahr vor Alkibiades' glückloser Expedition gegen Sizilien stattgefunden haben. Alkibiades wurde um 450 v. Chr. in Athen als Sohn der Deinomache und des Klinias geboren und im Hause seines Onkels Perikles, dem mächtigsten und einflußreichsten Mann seiner Zeit, erzogen. Obgleich für sein ausschweifendes Leben und als Liebhaber beider Geschlechter bekannt, war er ein guter Soldat, der in der Schlacht von Delion Sokrates das Leben rettete. Bereits einige Jahre zuvor, 432 in der Schlacht von Poteidaia, hatte, ungekehrt, Sokrates ihn vor dem Tod bewahrt. Mosaik, ca. 1,20 x 2 m, 3. Jh. n. Chr. (Sparta Museum, Peloponnes, Griechenland)

Im Jahre 415 v. Chr. rüsteten die Athener zum Feldzug gegen Sizilien, eine ihrer reichsten und bedeutendsten Kolonien. Dem Geschichtsschreiber Thukydides zufolge war der Initiator dieses Vorhabens Alkibiades, der seine Fähigkeiten als Heerführer unter Beweis stellen wollte. Überdies habe er als Kommandeur der athenischen Flotte den nicht unbeträchtlichen Reichtum Siziliens in seinen Besitz bringen wollen. Alkibiades hielt, so berichtet der Chronist, eine bemerkenswert überhebliche Rede vor der Ratsversammlung, in der er die Athener an seine Erfolge bei den Wagenrennen der letzten Olympischen Spiele und seine immer wieder gegenüber der Stadt unter Beweis gestellte Großzügigkeit erinnerte, so daß ihm die Zustimmung zu dem Unternehmen schließlich sicher war.

Am nächsten Morgen jedoch mußten die Athener feststellen, daß die Hermessäulen der Stadt über Nacht verstümmelt und ihrer Phalli beraubt worden waren. Man war nicht nur empört, sondern auch erschrocken: Der gewalttätige Angriff auf diese Symbole des glücklichen und mehr noch gefahrlosen Reisens wurde als schlechtes Omen für die bevorstehende Expedition angesehen. Als Schuldigen glaubte man eigenartigerweise ausgerechnet Alkibiades ausmachen zu können. Dies erscheint unlogisch, wenngleich er bekannt war für seinen derben Humor, seine mangelnde Ehrfurcht vor den „göttlichen Geheimnissen" sowie seine Eifersucht auf all jene, die seine Macht teilten. Doch obgleich er das Kommando über die Flotte mit zwei weiteren Heerführern teilen mußte, konnte ihm nichts daran liegen, die Ausführung der gesamten Unternehmung aufs Spiel zu setzen.

Noch dazu erforderte eine Amputation dieses Ausmaßes ein ganzes Heer von Helfern. Professor Keuls ist daher der Ansicht, daß die Frevler viel eher in den Reihen der Frauen Athens zu suchen sind. Da man sich mitten in den jährlich stattfindenden Adonisfeiern befand und die Straßen vom Lärm des Klagegeheuls und der zerbrechenden Tongefäße erfüllt waren, wäre es den Frauen durchaus möglich gewesen, unbehelligt durch die Stadt zu ziehen. Denn selbstverständlich war ihnen nicht verborgen geblieben, daß Vorbereitungen für einen Feldzug getroffen wurden: In den Werften wurde Tag und Nacht gearbeitet, um die einhundert Triremen und die zahlreichen Lastschiffe fertigzustellen, die Krieger, Nachschub und Proviant sowie 5000 schwerbewaffnete Soldaten, die sogenannten Hopliten, transportieren sollten. Daher wäre es Professor Keuls zufolge durchaus denkbar, daß die Verstümmelung der Hermen

ΑΛΚΗΒΕΙ
ΑΔΗϹ

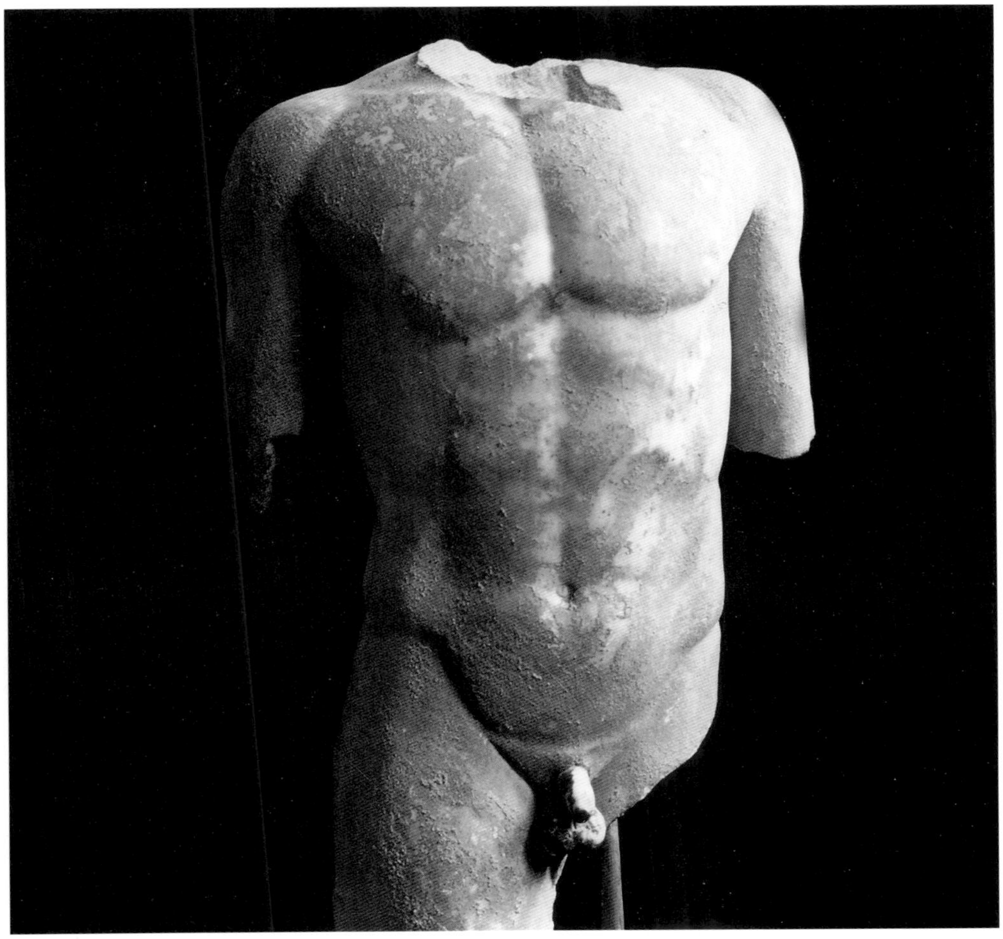

LINKS: Männlicher Torso eines Spartaners. 5. Jh. v. Chr. (Sparta Museum, Peloponnes, Griechenland)
LINKE SEITE: Büste eines spartanischen Kriegers, vermutlich Leonidas, der 488 v. Chr. den Thron von Sparta bestieg. 480 stellte er sich den Persern unter Xerxes an den Thermopylen entgegen, unterlag aber deren Übermacht und starb im Kampf. Ca. 490-480 v. Chr. (Sparta Museum, Peloponnes, Griechenland)

der erste, von Frauen organisierte Protest gegen einen Krieg gewesen sein könnte. Schließlich hatten sie bereits den Jahre andauernden Kampf mit Sparta ertragen müssen. Sollten ihre Männer wirklich schon wieder in den Krieg ziehen? Das Maß war voll.

Diese Erklärung für die Zerstörung der Hermessäulen erscheint zwar einleuchtender als jede andere, ob sie jedoch den historischen Fakten entspricht, wird nie zu klären sein. Sollte Aristophanes, der den Vorfall in seiner Komödie „Lysistrata" erwähnt, gewußt haben, wer die Schuldigen waren, so gibt er keinen Hinweis auf ihre Identität. Das Rätsel um die abgeschlagenen Phalli bleibt, wie so viele andere in der Geschichte der Antike, ungelöst.

Wenn die Aktion als Protest gedacht war, so blieb er wirkungslos. Die Flotte stach in See. Doch alle bösen Vorzeichen sollten sich bewahrheiten. Die Expedition nach Sizilien wurde ein Fiasko. Alle Triremen fielen im Hafen von Syrakus den Feinden in die Hände, ein Großteil der 40 000 Athener starb im Kampf. Demosthenes und Nikias, die Alkibiades zur Seite gestellten Heerführer, wurden von den Syrakusanern zum Tode verurteilt. Alkibiades war noch vor der Belagerung von Syrakus nach Athen zurückbeordert worden, um sich vor einem Gericht unter anderem für die Zerstörung der Hermessäulen zu verantworten. Als jedoch die Trireme eintraf, die ihn abholen sollte, setzte er in einem kleinen Schiff zur Peloponnes über, wo er Zuflucht beim König von Sparta, dem Erzfeind Athens, suchte. Nachdem er dort allerdings die Königin verführt hatte, mußte er erneut fliehen. Und wieder begab er sich in den Schutz langjähriger Feinde Athens – der Perser.

RECHTS: Kopf von Alexander dem Großen. Späte hellenistische Periode. 4. Jh. n. Chr. (Glyptothek und Staatliche Antikensammlung, München)

RECHTE SEITE: Alexander der Große. Späte hellenistische Periode. 4. Jh. n. Chr. (Glyptothek und Staatliche Antikensammlung, München)

Die Niederlage von Syrakus war die schwerste, die die Athener je erlitten hatten. Sie läutete den allmählichen Untergang ihres Reiches ein. Der vernichtende Schlag, der schließlich das Ende besiegelte, wurde 77 Jahre später durch König Philipp II. von Makedonien geführt, dessen Truppen 338 v. Chr. in der Schlacht von Chaironeia die Athener vernichtend schlugen. Damit war die Militärmacht Athen zerstört und der Boden für eine Neuordnung der Herrschaft über Griechenland bereitet.

Im Norden der griechischen Halbinsel, im Königreich Makedonien, ging ein Stern auf, dessen strahlender Glanz alles bisher Dagewesene in den Schatten stellen sollte: Alexander der Große, der Sohn Philipps, betrat die Bühne der Geschichte. Er vollendete das Werk seines Vaters, als er sich die Herrschaft über Griechenland sicherte. Doch damit nicht genug: Er eroberte Persien, zog durch das Gebiet des heutigen Afghanistan und führte seine Truppen bis nach Indien. Athen, dessen hochentwickelte Kultur er schätzte und bewunderte, wurde von ihm verschont, nicht zuletzt aus Respekt vor seinem Lehrer Aristoteles. Der Überlieferung nach soll Alexander, als er nach Athen kam, dem berühmten, in einer Tonne lebenden Philosophen Diogenes zugesichert haben, er werde ihm jede Forderung erfüllen. „Geh mir aus der Sonne", war jedoch der einzige Wunsch, den Diogenes äußerte.

Alexanders Stern sollte schon bald sinken. Mit einunddreißig Jahren beherrschte er von Ägypten bis nach Indien weite Teile der damals bekannten Welt und beklagte, daß es keine weiteren Welten zu erobern gäbe. Als zwei Jahre später auf dem Rückzug von Indien unerwartet sein Liebhaber Hephaistion starb, war Alexander untröstlich und trauerte drei Tage über dem Leichnam. Kurz nach seiner Ankunft in Babylon folgte er dem Freund ins Grab. Möglicherweise erlag er der Ruhr nach dem Genuß verunreinigten Wassers, vielleicht ist er aber auch vergiftet worden. Kurze Zeit später wurden seine Frau und sein Sohn ermordet. Das Reich Alexander des Großen zerbrach.

Der Tod Alexanders markiert das Ende des goldenen Zeitalters Griechenlands. Doch inzwischen sind neue Legionen marschbereit, Legionen, die aus einem Stadtstaat stammen, der an Entschlossenheit, Tatkraft und Dynamik alle bisherigen übertrifft – Rom.

8 *Die Etrusker*

RECHTE SEITE: Teilansicht eines Wandfreskos im „Grab der Stiere". Tarquinia, Italien, ca. 550 v. Chr. UNTEN: D. H. Lawrence im Garten der Villa Mirenda in Scandicci, einem Ort unweit von Florenz. Hier schrieb er sein Buch über die Etrusker, das 1932 unter dem Titel „Etruscan Places" (Etruskische Stätten) erschien. Fotografie aus der Sammlung von Professor Harry T. Moore.

Die ersten kulturellen Kontakte der Griechen mit der italienischen Halbinsel zeitigten einen unmittelbaren Einfluß auf den dort ansässigen, geheimnisvollen Stamm der Etrusker und über sie auch auf deren Nachbarn in Rom – zu diesem Zeitpunkt nur wenig mehr als ein kleines Dorf am Ufer des Tiber. Die Ursprünge der Etrusker sind noch immer ungeklärt, und auch eine vollständige Erforschung ihrer Sprache ist bisher nicht gelungen. Sicher scheint dagegen, daß sie einige religiöse Bräuche sowie eine Reihe von Gottheiten von den Griechen übernommen haben. Eine der wichtigsten weiblichen Gottheiten der Etrusker, Uni, wurde von den Römern als Juno, Göttin der Frauen und der Geburt, verehrt.

An einem Morgen im April des Jahres 1927 bricht der englische Autor D. H. Lawrence gemeinsam mit seinem amerikanischen Freund Earl Brewster, einem Maler, von der mittelitalienischen Stadt Tarquinia zu einer Wanderung auf, über die er später folgendes schreiben wird:

„Tarquinia liegt nur etwa fünf Kilometer vom Meer entfernt. An diesem warmen Frühlingsmorgen wirkt die kleine Stadt noch verschlafen. Zur Linken steht ein wunderschöner Palazzo, zur Rechten, auf dem niedrigen Wall über dem Stadttor, befindet sich ein Café. Jenseits der Stadtmauer gab es ein paar Villen; das Land fällt grün und steil zum verhalten glänzenden Meer ab.

Die Etrusker begruben ihre Toten nie innerhalb der Stadtmauern, sondern zwischen diesen unbefleckten Hügeln, die an diesem Aprilmorgen das Grün der Gräser bedeckt."

Lawrence und Brewster gehen weiter zu der etruskischen Nekropole, wo sie auf einen hilfsbereiten Führer stoßen, der ihnen die Gräber zeigt.

„Wir sehen einen kleinen aufgemauerten Hügel mit einem Gittertor aus Eisen. Die Lampe wird heller und beginnt zu riechen: Der Führer öffnet das Tor, und wir steigen in das Grab hinab."

Später stößt ein junger deutscher Fotograf zu ihnen, der auch ein Blitzlichtgerät mit sich führt:

„Das Grab der Stiere enthält, wie der Führer es nennt, ‚un po' di pornografico' – allerdings wirklich nur sehr wenig. Der deutsche Junge zuckt die

Das „Grab der Stiere", Blick auf das Fresko an der Rückwand und einen der zwei Eingänge. Auf dem unterhalb der Decke verlaufenden Fries ist ein Stier mit dem Gesicht des Acheloos zu erkennen, der, obwohl er die Gestalt dieses Tieres annahm, Herakles im Kampf um Deianeira unterlag. Daraufhin brach Herakles ihm eines seiner Hörner ab. Tarquinia, Italien, ca. 550 v. Chr.

Schultern, weil er wie üblich nicht weiß, was gemeint ist. Der Führer teilt uns mit, daß dies eines der ältesten Gräber überhaupt ist. Die Etrusker erhielten sich das Staunen über und die Freude am Leben – sie waren wie Kinder: Doch sie besaßen die Energie, Stärke und das sinnliche Wissen echter Erwachsener – selbst die beiden winzigen Stücke ‚pornografico' sind keine schmutzigen kleinen Zeichnungen. Im Gegenteil. In ihnen ist ein naives Staunen, die gleiche archaische Unschuld, die das Leben annimmt und seine Bedeutung fühlt."

Heute werden die Gräber durch elektrisches Licht erhellt. Im „Grab der Leoparden", so benannt nach den Tierzeichnungen an den Wänden, befinden sich die Bilder, deren Farben Lawrence im Gedächtnis haften blieben, leuchtend und lebendig selbst noch nach zweieinhalbtausend Jahren. Es sind Zeugnisse eines Volks, mit dem Lawrence sich identifizieren zu können glaubte. Er bewunderte die Lebendigkeit der Darstellungen des Flöten- und Harfenspielers sowie der blonden Frau, die Lawrence für eine Prostituierte oder „hetaira" hielt, die aber genausogut die Gemahlin des zweiten Musikers gewesen sein könnte. Die Art, wie sie den Harfenspieler berührt, scheint allzu vertraut. Er hält ein Ei in den Händen, wahrscheinlich ein Zeichen der Fruchtbarkeit. An keiner Stelle dieses Grabes findet sich auch nur ein einziges Todessymbol.

Das Gefühl der Freude und Lebendigkeit, das die etruskischen Artefakte vermitteln, beeindruckte den Schriftsteller nachhaltig. Diese Menschen mußten selbst dem Tod mit Freude entgegengesehen haben. Lawrence faßte die Erfahrung seiner Begegnung mit der Kunst der Etrusker mit den folgenden Worten zusammen:

„Will man etwas über die klassische Antike erfahren – halte man sich an die Griechen;

Detailansicht des Freskos im „Grab der Stiere". Achilles – mit Helm und rotem Lendentuch ganz links im Bild – lauert dem nackt auf einem großen, weißen Pferd reitenden Troilos auf, um ihn zu töten. Die Grabkammer mißt in ihrer Grundfläche 4,31 x 4,50 m und ist 2,52 m hoch. Tarquinia, Italien, ca. 550 v. Chr.

LINKE SEITE: Detailansicht aus einem Wandfresko im „Grab der Stiere", die zwei Männer und eine Frau beim Geschlechtsakt zeigt. Einer der Männer kniet auf dem Boden, während die Frau, deren Gestalt wie in den meisten etruskischen Fresken wesentlich heller und schemenhafter gezeichnet ist, auf seinem Rücken liegt und von dem zweiten Mann penetriert wird. Diese Darstellung ist das Gegenstück zu dem Bild der koitierenden Männer auf dem gleichen Fries (vgl. Seite 111). Die Bedeutung dieser Fresken ist noch nicht eindeutig geklärt. Möglicherweise aber stehen sie wie das Symbol des Phallus im antiken Griechenland und Rom in Zusammenhang mit der Abwehr des „bösen Blicks". Ca. 550 v. Chr. (Tarquinia, Italien)
LINKS: Tanzende Frau, Fresko im „Grab der Gaukler". Ca. 530 v. Chr. (Tarquinia, Italien)

sucht man das Massige, Pompöse - gehe man zu den Römern; doch wer Lebensfreude kennenlernen will, der gehe zu den Etruskern."

Angesichts dieser uneingeschränkten Begeisterung muß man wohl davon ausgehen, daß der Autor von „Lady Chatterley und ihr Liebhaber" die Meinung des griechischen Geschichtsschreibers Theopompos (etwa 378–300 v. Chr.) über die Etrusker und ihr Liebesleben nicht teilte. Theopompos gab Athenaios von Naukratis etwa 600 Jahre später in seinem „Gastmahl der Gelehrten" paraphrasierend wieder:

„Die Etrusker sind dekadent und dem Luxus ergeben. Ihre Frauen konnten sich nackt zeigen und so gemeinsam mit den Männern oder unter sich ihren Leibesübungen nachgehen. Die Männer teilen sich die Frauen, die nicht mit ihrem Gemahl, sondern mit jedem, der gerade zugegen ist, speisen. Und sie sind schön und lieben den Alkohol. Ihre Kinder werden alle gemeinsam aufgezogen, ohne zu wissen, wer ihr Vater ist.

Die Etrusker sind schamlos und recht ungezwungen im Hinblick auf ihre Pflichten als Herren des Hauses. Wenn sie beim Gastmahl zu trinken aufgehört haben, führen ihnen die Diener – ohne vorher die Lichter zu löschen! – zuweilen weibliche Prostituierte, manchmal

Fresko aus dem „Grab der Auspeitschung". Zwei nackte Männer schlagen mit Peitsche und Hand auf die nur undeutlich zu erkennende Frauengestalt zwischen ihnen ein. Möglicherweise verweisen die Darstellungen in diesem Grab mit seiner Grundfläche von 5,30 x 4,50 m und einer Höhe von 2 m auf einen uns unbekannten dionysischen Ritus. Ca. 490 v. Chr. (Tarquinia, Italien)

auch sehr schöne Knaben, gelegentlich sogar ihre eigenen Gattinnen zu; und nachdem sie sich an diesen erfreut haben, stellen ihnen die Diener lüsterne junge Männer vor, mit denen sie sodann verkehren. Dies geschieht teils hinter einem Wandschirm, teils aber auch ohne jede Diskretion vor aller Augen; und obgleich die Etrusker gerne und häufig mit Frauen verkehren, ziehen sie doch die Knaben und jungen Burschen vor, da sie sehr schön sind und ihre Körper geschmeidig halten."

Offensichtlich fand Theopompos vor allem die „Dekadenz" der etruskischen Frauen anstößig. Die Freizügigkeit und Unbekümmertheit, mit der sie mit ihren und anderen Männern umgingen, erschienen ihm skandalös. In der Tat, ehrbare griechische Frauen waren bei den Symposien nicht zugegen, doch wenn Theopompos sich schockiert darüber zeigt, daß sich die etruskischen Männer im Anschluß an ein Trinkgelage mit Prostituierten und Knaben vergnügten, so erscheint er doch wie jemand, der im Glashaus sitzt und mit Steinen wirft. Das Recht der etruskischen Frau, Kinder großzuziehen, ohne daß ihr Ehemann sie formal als die seinen anerkannte, steht Bonfante zufolge „wahrscheinlich im Zusammenhang mit ihrem Recht auf eigenen Besitz". Außerdem glaubt Larissa Bonfante, daß Theopompos in seinem Urteil über die etruskischen Frauen „die schlimmsten nur denkbaren Schlüsse aus dem zog, was er gehört und vielleicht auch gesehen hatte".

Dagegen weist Bonfante auf die große Bedeutung hin, die Paaren, anders als bei den Griechen und Römern, innerhalb der etruskischen Gesellschaft zukam, „wo die Familie mehr Gewicht hatte als der einzelne männliche Bürger einer Stadt". So zeigt zum Beispiel eine etruskische Terrakottagruppe ein unbekleidet beieinander liegendes Paar, das nur von einer Toga bedeckt wird – ein Sujet, das in der griechischen Kunst kaum zu finden sein wird. Es gibt zwar Darstellungen von Paaren, die den Griechen aus ihrer Mythologie vertraut waren – Orpheus und Eurydike, Zeus und Hera, Artemis und Aktaion –, doch nackt bildete man sie in der Regel nicht ab. Aktaion wurde, als er bei der Jagd die badende Artemis überraschte, von der Göttin in einen Hirsch verwandelt und daraufhin von seinen eigenen Hunden in Stücke gerissen.

Etruskische Frauen verfügten nicht nur über eigenen Besitz, sie wurden auch in luxuriösen Gräbern und Sarkophagen bestattet, auf denen ihr Vor- und Familienname stand. Aufgrund der großen Bedeutung, die der Familieneinheit zugemessen wurde, geht man davon aus, daß die Etrusker wahrscheinlich die ersten waren, die Familiennamen benutzten.

Die etruskische Frau auf einem Sarkophag mit ihrem zufriedenen und zugleich rätselhaften Lächeln scheint durch ein Band der Liebe mit ihrem Gatten verbunden zu sein, der seinen Arm um sie gelegt hat. Der griechische Geschichtsschreiber Herodot ging davon aus, daß die Etrusker aus Kleinasien stammten. Die nach oben geschwungenen Spitzen der Pantoffeln an den Füßen der Frau haben tatsächlich ein eindeutig orientalisches Aussehen. Die reich verzierten Schuhe unterstreichen die Bedeutung der Frau, im krassen Gegensatz zu ihrem Mann mit seinen bloßen Füßen.

Terrakottasarkophag mit ruhendem Ehepaar. Ca. 530 v. Chr. (Louvre, Paris)

9 *Die Römer und ihre Götter*

Im sechsten Jahrhundert übten etruskische Könige aus dem Geschlecht der Tarquinier die Herrschaft über Rom aus, so wie die Anfänge der römischen Geschichte überhaupt etruskisch geprägt waren. So nimmt es nicht wunder, daß zahlreiche kulturelle und gesellschaftliche Normen des antiken Rom auf diesen Einfluß zurückgehen. So ist zum Beispiel die relative Freiheit, die die römischen Frauen in einer späteren Epoche genossen, Bestandteil des vielfältigen Erbes der Etrusker.

UNTEN: Ithyphallischer Merkur. In der linken Hand hält er seinen Heroldsstab (lat. caduceus), in der rechten einen Geldbeutel, da er der Gott des Handels und der Kaufleute war (das römische Äquivalent zum griechischen Hermes). Wandbild aus Pompeji, um 60 n. Chr.

Zu diesem Erbe gehört auch die römische Göttin Juno, die – wie bereits ausgeführt – auf die Göttin Uni der Etrusker zurückgeht, auch wenn sie häufig mit Hera, der griechischen Göttin, verglichen wird. Juno gehörte neben Jupiter, dem Gegenstück des griechischen Zeus, und Minerva, die mit Athene gleichgesetzt wurde, zu den drei Hauptgottheiten, die die Römer in ihrer wichtigsten Kultstätte, dem Kapitol, verehrten. Der griechische Kriegsgott Ares wurde zum römischen Gott Mars, Aphrodite zu Venus und ihr Sohn Eros zu Cupido.

Auch mindere Gottheiten wurden von den Römern übernommen und in ihre Religion integriert, unter ihnen die legendären Sibyllen, weissagende Frauengestalten, die in der ganzen antiken Welt verehrt wurden. Die wohl bekannteste ist die Sibylle von Cumae, deren eigentlicher Name Herophile lautete.

Der Legende nach war sie die Geliebte des Apollon, der versprochen hatte, ihr jeden Wunsch zu gewähren. Daraufhin nahm sie eine Handvoll Sand und wünschte sich, so viele Jahre zu leben, wie sie Sandkörner in der Hand hielt. Der Gott erfüllte ihre Bitte, doch ähnlich wie Tithonos wurde auch ihr nicht gleichzeitig ewige Jugend geschenkt. Immer älter und häßlicher werdend, zog sie sich schließlich zurück in eine finstere, unheimliche Höhle tief im Innern der Felsen von Cumae, unweit des heutigen Neapel.

Die Sibyllen gehörten zu den ersten in einer langen Reihe von ekstatischen Wahrsagerinnen, zu denen auch Kassandra zählte, die als „inspirierte" Prophetin galt. Sie verkündete ihre Orakel in einem tranceähnlichen Zustand. Sibyllen sollen auch die Ankunft Christi vorausgesagt haben und wurden daher als einzige Frauengestalten der heidnischen Religionen in die christliche Mythologie aufgenommen. Michelangelos herrliches Fresko der cumäischen Sibylle in der Sixtinischen Kapelle in Rom zeigt sie bei der Verkündigung ihrer Prophetie.

Ein anderer minderer Gott, den die Römer von den Griechen übernahmen, war Priapos, der boshafte und promiskuitive Gott der Fruchtbarkeit. Als Erzeuger dieses Gottes wird – neben anderen – Dionysos gesehen, mit dem Priapos die asiatische Herkunft teilte und zu dessen Gefolge er gehörte. In den Versen des römischen Dichters Horaz (65–8 v. Chr.) spiegelt sich wider, auf welche praktische Weise seine Zeitgenossen mit diesem Gott des Glücks verfuhren. Sie fertigten hölzerne Ebenbilder von ihm an und stellten sie als Vogelscheuchen auf:

OBEN: Terracotta-Figurine der Juno mit einem Pfau. Die Gemahlin von Jupiter war Göttin der Ehe und Mutterschaft. 1. Jh. n. Chr. (Tunis)
RECHTS: Priapos, einer der minderen Götter, wiegt seinen Phallus. Eingangshalle im Haus der Vettier, Pompeji, ca. 50 n. Chr.
VORHERGEHENDE SEITE: Inneres der Höhle der Sybille von Cumae. Obwohl selbst der Dichter Vergil von dieser Höhle berichtete, blieb sie bis 1932 unentdeckt. Der in den Fels gegrabene Tunnel ist etwa 5 m hoch und 132 m lang. 550 v. Chr. (Cumae, Campania, Italien)

Blick auf Pompeji. Nach den bis heute durchgeführten Ausgrabungsarbeiten ist bereits erkennbar, wie weite Teile der nach griechischem Muster angelegten Stadt mit ihren langgestreckten, niedrigen Wohnhäusern und schmalen Straßen im Jahr 79 ausgesehen haben.

Einst sah ein Bildhauer mich dort stehen,
nicht mehr als ein nutzloses Stück Holz.
Doch nun fürchten mich die Vögel und fliehen das Blattwerk,
und mit meinem dicksten Knüppel verjage ich die Diebe.

Käufliche Liebe

Zweieinhalbtausend Jahre später gibt Priapos den Touristen, die nach Pompeji kommen, um sich die Gemälde in einer römischen Villa anzusehen, noch immer Anlaß zu derbem Gelächter, und vielleicht bringt er ihnen ja auch Glück. In der Darstellung des Priapos von Pompeji wiegt der Gott seinen riesigen Phallus, als wolle er das Gewicht seiner Fähigkeit, Glück zu bringen und den bösen Blick abzuwenden, prüfen (s. Abb. S. 120). Dem Besitzer der Villa lag anscheinend daran, daß der Blick seiner Gäste zuerst auf dieses Bild fiel, da er es in der Eingangshalle anbringen ließ. Jedem, der eintrat, sollte es wohl Glück bringen.

Pompeji, die in der Nähe Neapels im Schatten des Vesuv gelegene Stadt, wurde bei einem Ausbruch des Vulkans im Jahr 79 n. Chr. vollständig unter Lavamassen begraben. Nach ersten Funden im Jahre 1748 wurde 1860 mit systematischen Ausgrabungen begonnen, die einen gleichsam in der Zeit erstarrten Ort zutage förderten. Das ausgegrabene Pompeji gewährt uns einen unvergleichlichen Blick auf die Straßen, Häuser, öffentlichen Gebäude und Foren einer antiken italienischen Stadt. Darüber hinaus gewann man umfassende Erkenntnisse über das Alltagsleben ihrer Bewohner. Doch lassen sich aus den Funden in Pompeji Rückschlüsse auf das antike Rom ziehen? Die Altphilologin Mary Beard ist dieser Ansicht und beschreibt, wie ein Spaziergang durch eine römische Straße im Jahr 100 v. Chr. ausgesehen haben könnte:

„Verglichen mit Rom war der Stadtstaat Athen geradezu winzig. Das Römische Reich dagegen war ein riesiges, multikulturelles und kosmopolitisches Imperium, das sich über das gesamte Gebiet der bekannten Welt erstreckte. Doch trotz dieser Differenz gab es eine Reihe von Ähnlichkeiten, was zum Beispiel sexuelle Praktiken und die Vorstellung von Liebe betraf, die Rom und Athen miteinander verbanden.

OBEN: Wand im „Haus der Venus" mit als Trompe l'œil gemaltem Brunnen und Blumen. Pompeji, 79 n. Chr.

LINKE SEITE: Perystil des „Hauses der Venus". Links im Bild, verborgen im Schatten, ist Venus auf ihrer Muschel zu erkennen. Pompeij, 79 n. Chr.

Phallus als Glücksbringer an einer Mauer an der Via di Stabiana. Pompeji, ca. 10 n. Chr.

Nachdem sie die Griechen endgültig besiegt hatten, übernahmen die Römer zumindest teilweise deren Moralvorstellungen und sexuelle Verhaltensregeln. Könnten wir das damalige Rom besichtigen, so glaube ich, würde uns noch mehr als in Athen die allgegenwärtige Zurschaustellung von Phalli, Penissen, männlichen Genitalien ins Auge springen. Kleine Jungen trugen Phalli an Ketten um den Hals, in Häusern in Pompeji wurden Phalli mit daran befestigten Glocken und Flügeln gefunden. Auch außerhalb des Hauses begegnete man überall dem Symbol des Phallus, sozusagen an jeder Straßenecke. Phalli wurden an Stellen angebracht, die unsere Kultur mit strengen Tabus belegt. Mit einem Wort, Symbole des männlichen Genitals gehörten zum Alltagsleben in Rom.

Wie läßt sich das erklären? Warum hatte in einer Kultur wie der römischen die Darstellung eines erigierten Penis einen derart großen Stellenwert? Ich bin der Ansicht, daß sich diese Frage nur beantworten läßt, wenn man all die Dinge, die man bei einem Spaziergang durch eine römische Straße der damaligen Zeit zu sehen bekommen hätte, einer genaueren Betrachtung unterzieht, da sich in ihnen nichts Geringeres als das Idealbild des römischen Mannes widerspiegelt. Der ideale Römer war körperlich stark, in der Lage, öffentlich zu reden und überdies ein ‚Penetrator'. Dabei beschränkten sich seine sexuellen Kontakte nicht unbedingt auf Beziehungen zu Frauen. Entscheidend war nur, daß er selbst nicht penetriert wurde. Penetriert zu werden, war für einen römischen Mann ein Zeichen von Verweichlichung, eine Form von orientalischer Dekadenz, ein Signal dafür, daß man zu den Männern gehörte, die sich die Unterarme rasierten, die sich die Haare an den Beinen auszupften und sich parfümierten.

Interessanterweise kann das lateinische Wort für Schwert, *gladius*, auch ‚Penis' bedeuten. Und wenn man versucht, all das in Einklang mit der Mythologie zu bringen, wird man sich den römischen Mann als ein Wesen vorstellen müssen, das in gewisser Weise dem Gott Pan gleicht. Halb Tier, halb Mann, und immer bereit, alles, was ihm unter die Augen kommt, zu penetrieren. Steht gerade einmal keine Nymphe zur Verfügung, tut es auch eine Ziege. Das

OBEN: In Travertin gearbeiteter Phallus mit der Inschrift „Hic habitat felicitas" („Hier wohnt Glück"), der als Glückszeichen an einer Bäckerei angebracht war. 1. Jh. n. Chr. (Archäologisches Museum, Neapel)

LINKS: In die Wand eines Ladens in Pompeji gemeißelter Phallus, der nicht nur dem Besitzer, sondern auch dessen Kunden Glück bringen sollte. Pompeij, 60 n. Chr.

RECHTS: Fresko in der Halle des „Lupanara“, das einen jungen Mann mit zwei Phalli zeigt. Vielleicht war der eine zum Prahlen und der andere als Glücksbringer gedacht. Bordell „Lupanara“, Pompeji, 1. Jh. v. Chr.

OBEN: Öllampe mit einem Paar bei der Fellatio. Pompeji, 1. Jh. v. Chr. (Archäologisches Museum, Neapel)

Bild, das der Römer von sich selbst hatte, gebot ihm also, dieses Ideal der Penetration zu erfüllen.“

In der Eingangshalle eines Bordells in Pompeji befindet sich das verblaßte Gemälde eines Mannes, der einen „zweifachen Penis“ in der Hand hält - möglicherweise war einer für den Akt bestimmt und der andere als Glückssymbol gedacht. Insgesamt 34 Bordelle gab es in dieser Stadt mit ihren etwa 12 000 Einwohnern. Eines der lateinischen Worte für „Bordell“ ist *lupanar,* abgeleitet von dem Wort *lupa* (Wölfin), das auch „Prostituierte“ bedeutet. Eine andere Bezeichnung für Prostituierte war *nonaria*, also „neunte Stunde“. Da die Zählung der Stunden mit dem Sonnenaufgang begann, entsprach die neunte Stunde etwa vier Uhr nachmittags, der Zeit, zu der die Bordelle geöffnet wurden.

Das in Pompeji entdeckte Bordell hat zehn Zimmer, fünf in jedem Stockwerk, und wurde vor allem von den ärmeren Schichten und Sklaven besucht. Die Wandmalereien annoncierten vermutlich eine Auswahl spezieller Praktiken, die den Kunden geboten wurden. Die Betten waren wie Alkoven in die Wände eingelassen und ausgepolstert. Den hingekritzelten Inschriften an den Wänden nach zu urteilen, stammten viele der in diesem Bordell arbeitenden Mädchen aus Griechenland und Asien. Generell wurden Bordelle nach einem von Caligula (12–41 n. Chr.) erlassenen Gesetz empfindlich hoch besteuert.

Das Verbot der Bacchanalien

Der bekannte Mythos der „römischen Orgien" geht wahrscheinlich auf ein 186 v. Chr. durch den Senat erlassenes Gesetz zurück, mit dem fürderhin alle Bacchanalien verboten wurden. Diese des Nachts stattfindenden Feste waren Bestandteil eines fanatischen und mystischen Kults um Bacchus, den Gott des Weins, und wurden ursprünglich nur von Frauen gefeiert, die sich dabei in einen Zustand unkontrollierter religiöser und sexueller Erregung steigerten.

Der römische Chronist Livius berichtet von einer merkwürdigen Geschichte um Hurerei, Erpressung, Sadomasochismus und Mord, die zu seiner Zeit ganz Rom in Aufruhr versetzte. Ein junger Mann namens Aebutius hatte einen Stiefvater, der ihn durch Erpressung dazu zwingen wollte, ihm seinen Besitz zu überschreiben. Die Mutter des jungen Mannes, die unter dem Einfluß des Stiefvaters stand, überredete ihren Sohn dazu, sich auf die Bacchanalien vorzubereiten.

Das Gemälde auf einer Wand im Innern des „Lupanara" zeigt ein Paar in einer Position, die in den erotischen Darstellungen der Griechen nur äußerst selten zu finden ist. Bordell „Lupanara", Pompeji, 1. Jh. v. Chr.

Nichtsahnend erzählte Aebutius seiner Freundin von dem Vorhaben. Diese zeigte sich zutiefst schockiert und erschreckt. Denn, wie sie ihm berichtete, war sie selbst einmal auf einem Bacchanal gewesen und hatte mit angesehen, wie die Priester junge Männer – keiner älter als zwanzig Jahre – wie Schlachtvieh zum Altar führten. Die Beschreibung des Bacchanals gibt Livius in den Worten des Mädchens wieder:

„Es gab dort Trommeln, Zimbeln und lauten Gesang, so daß niemand die Schreie des jungen Mannes hören konnte, als er vergewaltigt wurde. Anfänglich war der Schrein ausschließlich den Frauen vorbehalten, doch eine Frau aus Campania hatte die Regeln des Rituals – angeblich auf Geheiß der Götter – geändert und zwei junge Männer, ihre eigenen Söhne, eingeführt. Daraufhin war der Schrein offen für beide Geschlechter, und die Männer machten sich mehr unmoralischer Taten untereinander schuldig als mit den Frauen.

Die Frauen verkleideten sich als Bacchantinnen und gingen mit offenem Haar und brennenden Schwefelfackeln zum Tiber hinunter, wo sie die Knaben, die initiiert werden sollten, zusammentrieben. Jeder, der sich ihnen nicht sofort anschloß, wurde wie ein Tier als Opfer geschlachtet. Die Gemeinschaft hatte viele Mitglieder, beinahe ein Drittel der gesamten Bevölkerung, viele von nobler Herkunft."

Als Aebutius hörte, welch schreckliche Dinge sich bei den Bacchanalien zutrugen, an denen teilzunehmen er fast gezwungen gewesen wäre, unterrichtete er seine Tante von dem Gehörten, die wiederum einen Konsul von den Vorkommnissen informierte. Während der sich anschließenden Gerichtsverhandlungen entsetzten die Mitglieder des Senats weniger die Anschuldigungen wegen exzessiver sexueller Ausschweifungen und Mord als vielmehr die Enthüllungen über manipulierte Zeugenaussagen und erzwungene Testamente. Denn dies waren in der Tat Verbrechen gegen den Staat, die die Todesstrafe verdienten.

UNTEN: Wandgemälde aus einem Bordell, auf denen verschiedene Positionen beim Geschlechtsverkehr gezeigt werden. Die untere Abbildung trägt die lateinische Inschrift „lente impelle" – „stoße langsam"! 1. Jh. v. Chr. (Archäologisches Museum, Neapel, Nr. 27690)

RECHTE SEITE: Erotisches Gemälde über der Tür zu einem der Zimmer der Prostituierten oder *nonariae*, den „Mädchen der neunten Stunde". Im Zimmer selbst ist das aus Stein gefertigte Lager zu sehen, das mit Polstern und Kissen ausgestattet war. Bordell „Lupanara", Pompeji, 1. Jh. v. Chr.

10 *Die Frauen von Rom*

Die Geschichte von Aebutius und den Bacchanalien wirft ein interessantes Licht auf die vergleichsweise große Unabhängigkeit, die Frauen im antiken Rom besaßen. Sie verfügten über wesentlich mehr Freiheit als die griechischen Frauen und hatten darüber hinaus sogar eine gewisse Kontrolle über ihre Mitgift, die dank der Reichtümer, die aus den eroberten Territorien des ständig wachsenden Imperiums in die Stadt flossen, außerordentlich groß sein konnte. Zwar durften römische Mädchen nicht wie ihre Brüder eine Schule besuchen, sondern erhielten bestenfalls zu Hause Unterricht, doch anders als die griechischen Frauen wurden sie nie wie Gefangene in ihrem eigenen Haus gehalten. Erwachsene Frauen nahmen offensichtlich vielmehr am gesellschaftlichen Leben teil und konnten als gleichberechtigte Gesprächspartner öffentlich mit Männern reden und diskutieren.

Bereits im Jahre 195 v. Chr. hatten die römischen Frauen einen Beweis ihrer Macht abgelegt, als sie sich versammelten, um gegen das sogenannte Oppianische Gesetz zu demonstrieren, das ihnen das Tragen von Goldschmuck und kostbaren gefärbten Stoffen untersagte. Nachdem diese Verordnung bereits zehn Jahre lang in Kraft gewesen war, hatten die Frauen genug: zu Tausenden strömten sie zum Forum und belagerten den Senat. Das Gesetz wurde schließlich von Cato dem Älteren aufgehoben, die Römerinnen konnten ihr Geld wieder mit vollen Händen ausgeben.

Daß Rom wesentlich von der griechischen Kultur beeinflußt wurde, ist unter anderem auf die römische Expansion auch nach Griechenland zurückzuführen. Im Jahre 146 v. Chr. beschloß der römische Senat einen Feldzug gegen Korinth. Die Stadt wurde vollständig geplündert, Gold, Statuen und andere Kunstwerke wurden nach Rom gebracht. Mehr als 100 Jahre brauchte Korinth, um sich von diesem Überfall zu erholen. Als der römische Heerführer Aemilius Paulus Makedonien, die Heimat Alexander des Großen, 168 v. Chr. unterworfen hatte, führte man die erbeuteten Skulpturen, Statuen, Gemälde und Sklaven in einem Triumphzug durch Rom, der volle drei Tage andauerte.

Mit besonderem Eifer bemächtigten sich die Römer der griechischen Statuen der Aphrodite und ihres Sohnes Eros, die sie dann kopierten. Tatsächlich kennen wir die meisten griechischen Statuen nur als römische Kopien. Peter Rockwell, ein in Rom lebender Bildhauer, vertritt dazu folgende Ansicht:

RECHTE SEITE: Statue einer Römerin. 1. Jh. v. Chr. (Archäologisches Museum, Neapel)

„Eros, dem die Römer den Namen Cupido gaben, gilt als der Botschafter der Liebe. Er ist mit Pfeil und Bogen bewaffnet, und wen seine Pfeile treffen, der ist unweigerlich verliebt. Das Original dieser Statue stammt aus dem vierten vorchristlichen Jahrhundert und ist von Lysippos, dem Hofbildhauer Alexander des Großen. Es ist also sehr wahrscheinlich, daß Paulus das Original aus Makedonien nach Rom brachte. Der römische Bildhauer, der die Kopie angefertigt hat, war offensichtlich mehr an dem ebenmäßigen Körper des Knaben interessiert als an der Tatsache, daß Cupido bewaffnet ist.

Die gleiche Tendenz zur betont sinnlichen Darstellung läßt sich in der Statue von Cupido und Psyche erkennen – Eros, in Liebe zur menschlichen Seele entbrannt (s. Abb. S. 135). Man beachte die leicht gerundeten, weichen Bäuche der beiden, an denen deutlich wird, daß im Gegensatz zu dem griechischen Ideal des muskulösen jungen Mannes dem männlichen Schönheitsideal der Römer etwas eher Weiches, Weibliches anhaftet. Die Gruppe stand wahrscheinlich ursprünglich im Garten eines Privathauses, war also nicht unbedingt für die Augen der Öffentlichkeit bestimmt. Alles in allem verkörpert sie eine extrem romantische Einstellung gegenüber der Liebe."

OBEN: Cupido spannt seinen Bogen. Römische Kopie des griechischen Originals von Lysippos, 350–300 v. Chr. (Kapitolinisches Museum, Rom)

LINKE SEITE: Tempel des Apollon, Blick auf drei der insgesamt sieben erhaltenen dorischen Säulen. Korinth, 550 v. Chr.

Kopf eines unbekannten jungen Römers. (Archäologisches Museum, Neapel)

Wenn die Römer liebten

Die Einstellung der Römer zur homosexuellen Liebe unterschied sich insofern grundlegend von der der Griechen, als die römischen Männer keinerlei Interesse hatten, die von ihnen auserwählten Knaben intellektuell zu bilden oder zu beeinflussen. Ihnen ging es ausschließlich darum, sie so schnell wie möglich zu besitzen. Falls nötig, kauften sie sie auch einfach. Derselbe Cato, der widerstrebend das Oppianische Gesetz aufgehoben hatte, erfuhr zu seinem großen Entsetzen, daß ein hübscher Knabe bereits für ein Talent zu haben war, den Preis, den man für einen kleinen Bauernhof zu zahlen hatte.

Für junge Männer, die heterosexuell veranlagt waren und überdies über ausreichende finanzielle Mittel verfügten, offenbarte sich das erste vorchristliche Jahrhundert als ein zynisches Zeitalter, in dem außereheliche Affären an der Tagesordnung waren. Gaius Valerius Catullus kam 60 v. Chr. im Alter von nur zwanzig Jahren von Verona nach Rom. Seine Gedichte sind konzentriert und knapp, häufig auch von einer unverhohlenen Offenheit, die zuweilen äußerst modern anmutet. Die Liebe seines Lebens, der Catull in seinen Gedichten den Namen Lesbia gab, war die schöne und selbstbewußte Clodia Metella, Gattin des Politikers Quintus Metellus Celer.

Einige von Catulls Gedichten zeichnen sich durch respektlosen Humor, andere, wie das folgende, durch homoerotische Anklänge aus:

Eine spaßige Sache, Cato, drollig,
würdig deines Gelächters, deiner Ohren!
Lache, wenn dir Catullus, Cato, lieb ist.
Eine spaßige Sache, äußerst drollig!
Eben traf ich einen Pagen meines Mädchens
an beim Wichsen; doch unverzüglich strafte
ihn (mit Hilfe Dionas) ab mein Steifer.

Catulls wahre Leidenschaft jedoch galt Lesbia ...

Noch kein Weib fürwahr durfte heißerer Liebe sich rühmen,
als ich für Lesbia sie stets in dem Herzen gehegt!
Noch kein Bund war jemals von höherer Treue getragen,
als sie bei mir sich fand stets in der Liebe zu dir!

... und ihrem skandalösen Betragen.

Meine Lesbia, Caelius, jene Lesbia,
jene Lesbia, die Catullus einzig
mehr als sich und die Seinen all geliebt hat:
jetzt in winkligen Gäßchen und am Kreuzweg
saugt sie aus des erhabnen Remus Enkel!

Auch Cicero (106-43 v. Chr.), einer der großen Redner seiner Zeit, erhob den Vorwurf der sexuellen Ausschweifung gegen Clodia Metella. In einer vor Gericht gehaltenen Rede, in der er einen angehenden Anwalt vertrat, geißelte er mit harten Worten das Betragen, das sie in dem unweit Neapels gelegenen Küstenort Baiae, einst Zentrum des römischen Badelebens mit Thermalquellen und Seebad, an den Tag gelegt hatte.

Cupido und Psyche. 1. Jh. n. Chr.
(Kapitolinisches Museum, Rom)

„Ja, Baiae erzählt uns nicht einfach nur eine Geschichte, sondern hallt von dem Bericht wider, daß dort eine Frau ist, die in ihrer boshaften Verderbtheit so tief gesunken ist, daß sie sich nicht einmal mehr die Mühe macht, Zurückgezogenheit, Dunkel und den schicklichen Schleier der Diskretion zu suchen, um ihre Begierden zu verhüllen. Im Gegenteil, sie ergötzt sich sogar daran, vor aller Augen und im gleißenden Licht des Tages die verwerflichsten Lüsternheiten zur Schau zu stellen [. . .] Wenn eine Frau, die keinen Mann hat, die Türen ihres Hauses jedem Wüstling öffnet und in aller Öffentlichkeit das Leben einer Hure führt; wenn sie es sich zur Gewohnheit macht, sich von Männern unterhalten zu lassen, die ihr vollkommen fremd sind; wenn sie dieser Lebensweise in der Stadt, in ihren eigenen Gärten und in Gesellschaft der Plebs von Baiae nachgeht; wenn sie sich also in einer Art und Weise benimmt, daß nicht nur ihr allgemeines Betra-

gen, sondern auch ihre Kleider und Begleiter, ihre glühenden Augen und zügellose Sprache, ihre Umarmungen und Küsse, und die Feste, die sie am Strand feiert, zeigen, daß sie nicht nur eine Prostituierte, sondern eine lüsterne und verwerfliche Prostituierte ist; und wenn ein junger Mann in der Gesellschaft einer derartigen Frau überrascht wird, dann werdet ihr, Lucius Herennius, mir sicher zustimmen, daß dies weniger Ehebruch als vielmehr gewöhnlicher Beischlaf war – keine Verletzung der Sittsamkeit, sondern schiere Befriedigung des Appetits."

Baiae scheint so etwas wie eine Kombination aus Saint-Tropez und Malibu gewesen zu sein. Sex war bloßer Zeitvertreib, hatte nichts mit dem erhebenden Gefühl der Liebe zu tun. Tatsächlich machte in den Augen der Römer die Liebe einen Menschen nicht besser, vielmehr verdarb sie ihn. In den Komödien des Plautus (um 250–184 v. Chr.) begegnen uns immer wieder Figuren, die verliebt sind – verblödete junge Männer, die sich zur Finanzierung ihrer Liebschaften der Hilfe ihrer Sklaven bedienen müssen, um an das Geld ihrer geizigen Väter zu kommen. Die Liebe hat sie zu Sklaven ihrer Mätressen gemacht und damit der Unabhängigkeit beraubt, die die Römer so hoch schätzten.

Was erwartete also einen Römer oder eine Römerin, wenn sie heirateten? Liebe war mit Sicherheit kein Motiv für eine so ernste Angelegenheit wie die Eheschließung. Viel eher ging es um Geld und politische Allianzen. Und ebenso konnte man sich auch wieder scheiden lassen, wenn sich die politische Lage veränderte, was recht häufig der Fall war. Das hieß allerdings nicht, daß Liebe unter Eheleuten vollkommen ausgeschlossen war. Der große Feldherr und Politiker Gnaeus Pompeius Magnus hegte eine tiefe Liebe für seine Frau Julia, die 54 v. Chr. im Kindbett starb. Sie war die Tochter Julius Caesars, der aus dem Kampf mit Pompeius um die Macht im Imperium als Sieger hervorgehen sollte.

Die großen Feldherren und ihre Liebschaften

Um 50 v. Chr. war Gaius Julius Caesar Statthalter der römischen Provinz Gallien. Seine militärischen wie amourösen Eroberungen hatten ihn in Rom zum Stadtgespräch gemacht und ihm den Ruf eines Dandys eingetragen, der bereits sowohl sein eigenes als auch das Vermögen seiner Frau durchgebracht hatte. Nicht nur, daß man im Senat von ihm als der „Königin von Bithynien" sprach, weil er angeblich eine Affäre mit dem König dieser Provinz hatte, man schrieb ihm auch geradezu legendäre Erfolge bei Frauen zu. Tatsächlich verführte er wohl reihenweise die Frauen seiner Offiziere und sogar seiner engen Freunde, so daß man ihn hinter seinem Rücken „den Gatten jeder Frau und die Gattin jedes Mannes" nannte. Um seine militärischen Erfolge zu feiern, gab Caesar die herrliche Statue des sterbenden Galliers in Auftrag (s. Abb. links). Es ist nicht zu übersehen, daß der Bildhauer dieses außergewöhnlich kraftvollen Kunstwerks – und möglicherweise ja auch Caesar selbst – mehr Interesse an dem prächtigen Körper des gallischen Kriegers hatte, der den Selbstmord der Sklaverei vorzieht, als an der Darstellung von dessen toter Frau, die weit weniger Sorgfalt verrät.

„Wenn ich Caesars dünner werdendes, so sorgfältig gekämmtes Haar sehe", schrieb Cicero, „und ihn dann dabei ertappe, wie er es mit einem Finger richtet, kann ich mir nicht vorstellen, daß einem solchen Mann der Gedanke kommen könnte, den römischen Staat zu unterwandern." Doch eben das tat Caesar. Nach dem Tod seiner Tochter Julia schlug die schon immer angespannte Beziehung zwischen ihm und seinem Schwiegersohn Pompeius endgültig in offene Feindschaft um. Ein Bürgerkrieg war das Ergebnis. Im Jahre 49 v. Chr. fügten Caesars Truppen, wenngleich zahlenmäßig unterlegen, dem Heer von Pompeius in Nordgriechenland eine empfindliche Niederlage zu. Pompeius floh, von seinem Gegner verfolgt, nach Ägypten. Als Caesar in Alexandria an Land ging, überreichten ihm die Ägypter, die schnell begriffen hatten, auf welche Seite zu schlagen sich lohnte, den mumifizierten Kopf seines Feindes.

LINKE SEITE: Statue eines Galliers, der angesichts seiner toten Frau Selbstmord begeht. Nach einer Skulptur des griechischen Bildhauers Epigonos, um 210 v. Chr., wahrscheinlich von Julius Caesar 45 v. Chr. in Auftrag gegeben. (Palazzo Altemps, Rom)

Caesar zog daraufhin in den königlichen Palast in Alexandria ein. Ägypten war zu diesem Zeitpunkt noch ein unabhängiges Königreich, das von der damals einundzwanzigjährigen Kleopatra und ihrem sechs Jahre jüngeren Bruder Ptolemäus XIII. regiert wurde. Beide verfügten über einen eigenen Stab von Beratern, und ihre Beziehung zueinander war außerordentlich angespannt. Nach der Maxime „teile und herrsche" nahm Caesar zunächst Verhandlungen mit Ptolemäus auf.

Kleopatra hatte erkannt, daß sie handeln mußte, wollte sie ihre Machtstellung nicht verlieren. Also ließ sie sich in einen Teppich wickeln und an den Wachen ihres Bruders vorbei in die Gemächer Caesars schmuggeln, der sich angeblich auf der Stelle in sie verliebte. Wie viele andere Kinder der Pharaonen, war auch Kleopatra der Sproß einer inzestuösen Verbindung. Betrachtet man ihr Konterfei auf Münzen, drängt sich die Vermutung auf, daß sie vielleicht doch nicht jene strahlende Schönheit besaß, die Shakespeare und andere ihr andichteten. Zweifellos aber war sie außerordentlich intelligent. So soll sie eine ausgezeichnete Mathematikerin gewesen sein und neun Sprachen beherrscht haben. Trotz ihrer Affäre mit Caesar und der wesentlich ernsteren Beziehung, die sie später mit Antonius haben sollte, war sie nicht promiskuitiv. Hinter ihrer Liaison mit Caesar stand wohl in erster Linie politisches Kalkül. Und auch ihm ging es vorrangig eher um Machtpolitik denn um Liebe, wenn er auch anfänglich von dieser klugen jungen Frau fasziniert war.

Die riesige Barke aus Zedernholz wurde 1954 in Gizeh gefunden. Und obwohl sie etwa 2500 Jahre früher als die Barke der Kleopatra gebaut worden ist, dürften sich – abgesehen von der luxuriöseren Ausstattung letzterer – Größe und Bauweise beider Schiffe nicht so sehr voneinander unterschieden haben. Länge 43 m, ca. 2530 v. Chr. (Gizeh)

Selbstverständlich konnten Ptolemäus und seine Berater Caesars Anwesenheit im Königspalast nicht dulden, und so befahl der Eunuch Pothinus, der den noch minderjährigen Ptolemäus als Titularregent vertrat, im Februar 47 v. Chr. eine bewaffnete Blockade. Caesar verfügte über eigene Streitkräfte von 3200 Legionären und 800 Reitern. Es kam zu einem erbitterten Kampf, in dessen Verlauf die Römer versehentlich einen Teil der großen Bibliothek von Alexandria, der bedeutendsten Sammlung von Manuskripten und Büchern in der antiken Welt, in Brand setzten. Schon bald sahen sie sich, den Ägyptern zahlenmäßig weit unterlegen, eingekreist, und Caesar war gezwungen, mit einigen Soldaten von der Hafenmole zur Insel Pharos zu schwimmen. Hätten die Soldaten des Ptolemäus erst einmal den auf Pharos befindlichen Leuchtturm, eines der Sieben Weltwunder der Antike, kontrolliert und damit das gesamte Hafenbecken, hätten sie die Landung der syrischen Entsatztruppen verhindern können, in die Caesar seine ganzen Hoffnungen setzte. (Während des Schwimmens verlor Caesar seinen Umhang, den die Ägypter als Trophäe an sich brachten.) Im letzten Moment wurden Caesar und Kleopatra von den eintreffenden syrischen Schiffen gerettet.

Caesar ging also auch aus dieser Schlacht als Sieger hervor. Pothinus wurde auf seinen Befehl hin geköpft, während Ptolemäus um sein Leben floh, um kurze Zeit später im Nil zu ertrinken. Nun war Kleopatra alleinige Herrscherin über Ägypten. Um die Priester zufriedenzustellen und den Traditionen Genüge zu leisten, heiratete sie ihren erst elfjährigen Bruder, der daraufhin den Titel Ptolemäus XIV. annahm. Doch das hielt Kleopatra nicht davon ab, mit Caesar den Nil hinaufzufahren und sich von ihm schwängern zu lassen.

Nach der Ermordung Caesars im Jahr 44 v. Chr. teilten sein von ihm adoptierter Großneffe Octavian und dessen Freund Antonius das Römische Reich unter sich auf. Während die westlichen Provinzen an Octavian gingen, erhielt Antonius die östlichen Gebiete einschließlich Ägyptens. Es dauerte nicht lange, bis auch er dem Zauber der außergewöhnlichen jungen Königin erlag, die ihm Zwillinge gebar, einen Jungen und ein Mädchen. Doch während Kleopatra für Julius Caesar wenig mehr als ein nützliches politisches Werkzeug, ein nettes Spielzeug gewesen war, liebte Antonius sie mit einer alles verzehrenden Leidenschaft, die es ihm schließlich unmöglich machte, Ägypten zu verlassen und den orientalischen Luxus, der ihn dort umgab, aufzugeben. Zwischen ihm und Octavian kam es zum Krieg, der seinen Höhepunkt in der Seeschlacht von Actium an der Mündung des Golfs von Korinth fand, in der die Flotte des Antonius vernichtend geschlagen wurde. Als gebrochener Mann kehrte Antonius nach Alexandria zurück, wo eine der berühmtesten Liebesgeschichten der Welt so tragisch und extravagant endete, wie sie begonnen hatte. Antonius stürzte sich in sein Schwert, während sich Kleopatra angeblich eine in einem Korb mit Feigen versteckte Natter – vielleicht auch eine heilige Schlange, deren tödlicher Biß Unsterblichkeit verleihen sollte – in ihre Gemächer schmuggeln ließ und an die Brust legte. Die Schlange erledigte ihre Aufgabe schnell und zuverlässig.

Mit Kleopatras Tod erklärte Octavian die Zeit der Pharaonen sowie der Ptolemäischen Dynastien für beendet und Ägypten zu einem Teil des Römischen Reichs. Als Triumphator kehrte er nach Rom zurück. Er erhielt den Titel Augustus und rief sich selbst zum Imperator aus.

Kleopatras Wunsch jedoch, Unsterblichkeit zu erlangen, wurde wahr: Die Liebesaffären, der Ruhm und der Glanz der letzten Königin von Ägypten leben fort bis auf den heutigen Tag.

GANZ OBEN: Münze mit dem Kopf von Kleopatra VII. Ca. 34 v. Chr. (British Museum, London)
OBEN: Auf der Rückseite derselben Münze findet sich das Porträt von Mark Anton. Ca. 34 v. Chr. (British Museum, London)

11 *Des Gott-Kaisers skandalöse Tochter*

RECHTE SEITE: Marmorbüste von Augustus, ca. 27 v. Chr. (Glyptothek, München)
UNTEN: Ara Pacis – der Altar des Friedens. Das Monument wurde in den Jahren zwischen 13 und 9 v. Chr. erbaut. Der untere Teil ist mit reichen Blattornamenten verziert, während der obere Teil der reliefgeschmückten Umfassungsmauer historische und religiöse Szenen zeigt, die im Zusammenhang mit dem Leben und der Familie des Caesar Augustus stehen, zu dessen Ehren das Monument errichtet worden ist. Ca. 12 x 11 m. (Ara-Pacis-Museum, Rom)

„Caesar an Stephanus, ich grüße dich. Ich habe diese Stadt befreit und dem Antonius empfohlen. Diese eine von allen Städten Asiens habe ich mir selbst vorbehalten. Ich wünsche, daß man die Menschen dieser Stadt wie meine eigenen Mitbürger beschützt. Ich werde darauf achten, daß du meine Empfehlungen bis ins letzte erfüllst."

Die Inschrift des Octavian ziert das Theater der prächtigen, aus Marmor erbauten kleinasiatischen Stadt Aphrodisias, die vor allem dank der Arbeiten des verstorbenen Professors Kenan Erim heute neben Ephesus zu den bedeutendsten und faszinierendsten Ausgrabungsstätten in der Türkei zählt. Der ernsthafte, mahnende Tonfall spiegelt die Autorität des Mannes wider, der zur Zeit der Abfassung dieser Inschrift kurz davor stand, der erste römische Kaiser zu werden und später wie ein Gott verehrt zu werden. Jeder, der einmal die Ruinen von Aphrodisias gesehen hat, wird die Bewunderung, die Octavian für die Stadt hegte, nachvollziehen können. Der Aphrodite geweihte Ort lag am Fuß eines Berges, aus dem neben Carrara der feinste Marmor des gesamten Mittelmeerraums geschlagen wurde, was wiederum die Entstehung einer Schule von Bildhauern zur Folge hatte, die über fünf Jahrhunderte lang Kunstwerke höchster Qualität hervorbrachte und deren Produkte in das gesamte Römische Reich exportiert wurden.

John Julius Norwich beschreibt seinen ersten Eindruck von der Ruinenstätte:

„Meine erste Begegnung mit dieser außergewöhnlichen Stadt der Göttin der Liebe werde ich nie vergessen. Professor Kenan Erim öffnete das Tor des ummauerten Areals, und vor mir sah ich einen Hof, auf dem eine Skulptur neben der anderen stand, alle erst kürzlich in der benachbarten Ausgrabungsstätte gefunden, als wollten sie mich begrüßen. Da der Mond noch nicht aufgegangen war, konnte man den Abendstern, den Stern der

OBEN: In drei Schichten gearbeitete Kamee aus Sardonyx mit dem Kopf des Augustus.
Das mit Edelsteinen besetzte Kopfband wurde erst im Mittelalter hinzugefügt und ersetzt den ursprünglich vorhandenen Lorbeerkranz.
Ca. 16 n. Chr. (British Museum, London, Nr. GR 1865.5-7.484)

Aphrodite, klar und deutlich am Himmel erkennen, und weil der Stromgenerator ausgefallen war, zeigte mir Kenan Erim seine herrlichen Funde beim Licht einer Kerze."

Viele der in Aphrodisias hergestellten Skulpturen wurden nach Rom verschifft. Aus den Bildhauersignaturen auf dem großen Denkmal, dem Friedensaltar, zu Ehren des Octavian, nunmehr Imperator Augustus, läßt sich schließen, daß sowohl Griechen als auch Römer daran gearbeitet haben. Auf der Vorderseite ist die Mutter-Göttin in einer Produktivität und Fruchtbarkeit verheißenden Welt zu sehen, für die eine Friedensperiode (und der Kaiser) gesorgt haben. Bemerkenswert ist, daß dem Werk die Sinnlichkeit, die andere Arbeiten aus Aphrodisias auszeichnet, vollkommen fehlt. Das Monument ist als schlichte Illustration von Wohltaten wie Frieden und gerechte

LINKS: Die Prozession auf dem Südfries des Altars des Friedens zeigt ganz links Augustus, in der Mitte vier *flamines*, Priester, die eine charakteristische Lederkappe mit Spitze tragen, und rechts einen jungen Mann, der ein Opferbeil schultert. Systematische Ausgrabungsarbeiten ermöglichten erst in den 30er Jahren unseres Jahrhunderts den Wiederaufbau des Altars, dessen historische Bedeutung bis dahin nicht erkannt worden war. (Ara-Pacis-Museum, Rom)

OBEN: Eine der wenigen Darstellungen Livias, der Frau des Augustus. Büste aus grünem Basalt, 1. Jh. n. Chr. (Louvre, Paris, Nr. Ma 1233)

Herrschaft konzipiert. An den Seiten finden sich Darstellungen des Kaisers mit seiner Familie samt den Enkelkindern. Sie bringen den Göttern ein Opfer dar. Die Historikerin Susan Fischler bemerkt dazu:

„Augustus und seine Frau Livia hatten keine gemeinsamen Kinder, und dennoch wird Livia häufig mit den Attributen der Fruchtbarkeit dargestellt. Dabei ging es nicht um ihre eigene Fruchtbarkeit oder Sexualität, sondern um die Fruchtbarkeit des Reiches, die dem Kaiser zu verdanken war. Er hatte den Bürgerkriegen ein Ende bereitet und dem Reich Frieden und Wohlstand zuteil werden lassen. Die Darstellungen Livias und anderer Frauen feiern also diese Form der Fruchtbarkeit. Obwohl wir die Namen dieser Frauen kennen, teilt uns das Relief auf dem Friedensaltar nur wenig über sie selbst mit. Statt dessen zeigt es einen Herrscher, der seinen Haushalt unter Kontrolle hat. Und ein Kaiser, der diese Frauen beherrscht, kann mit Sicherheit auch ein Reich beherrschen.

In einigen römischen Texten aus dieser Zeit finden sich Klagen darüber, daß es nicht genug Eheschließungen gab und zu wenig Kinder geboren wurden. Außerdem äußert man sich besorgt über die Reinheit der römischen Rasse. All dies mag eine Reaktion auf soziale Veränderungen gewesen sein. Wir verfügen nicht über ausreichende Daten, mit denen sich belegen ließe, ob es damals wirklich weniger Kinder und Eheschließungen gab. Doch wir wissen, daß es das erklärte Ziel von Augustus war, den alten, traditionellen Werten wieder Geltung zu verschaffen. Um dies zu erreichen, erließ er eine Reihe von Gesetzen, die den Ehebruch und die Heirat betrafen. Augustus begünstigte nicht nur die Ehe, sondern legte auch per Verordnung fest, welche Gesellschaftsschichten sich miteinander verbinden sollten und welche von einer Hochzeit Abstand zu nehmen hatten. Zudem verhängte er Strafen für Paare, die kinderlos blieben oder nicht heirateten, während Familien mit Kindern unterstützt wurden."

Die Versuche von Augustus, die traditionellen Werte der Familie wiederzubeleben, wurden allerdings von dem schändlichen Betragen seiner einzigen Tochter, die aus einer vorangegangenen Ehe stammte, unterminiert. Als der Friedensaltar entstand, hatte Julia bereits für einige Skandale gesorgt, und über die lasterhaften Feste, die sie in ihrem Haus veranstaltete, redete die ganze Stadt. Berichte über ihr ehebrecherisches Verhalten kamen schließlich auch ihrem Vater und ihrer Stiefmutter Livia zu Ohren, die ihr deshalb ernsthafte Vorhaltungen machten. Doch immerhin hatte sie ihrem langweiligen Gatten fünf Kinder geboren, die ihm zudem auch alle ähnlich sahen, so daß man davon ausgehen konnte, daß sie tatsächlich von ihm stammten. Mit dem ihr eigenen Sinn für derben Humor erklärte Julia, wie es zu dieser untadeligen Kinderschar kam: „Ich nehme nur dann Passagiere auf, wenn das Boot voll ist." Als ihr Mann 12 v. Chr. starb, fügte sich Julia, die zu diesem Zeitpunkt erst 27 Jahre alt war, nur allzu bereitwillig in die Rolle der lustigen Witwe und gestattete sich noch zügellosere Freiheiten. Selbst ihr zweiter Mann, der spätere Kaiser Tiberius, floh zeitweilig auf eine entfernte griechische Insel, um nichts mit ihr zu tun haben zu müssen.

Der römische Schriftsteller Seneca schreibt über sie:

„Augustus erfuhr, daß sie sich Dutzenden von Liebhabern angeboten hatte, daß sie sich in der ganzen Stadt nächtlichen Lustbarkeiten hingab und selbst die Stufen des Forums, von denen aus ihr Vater die Gesetze gegen Ehebruch verkündet hatte, von seiner Tochter als Ort ihres schändlichen Liebestreibens erwählt worden waren. Sie hatte ihre Liebesdienste sogar verkauft und ließ sich als Prostituierte von fremden Männern auf nur jede erdenkliche Art befriedigen."

Zunächst schrieb der aufgebrachte Kaiser einen Brief an den Senat, in dem er die Verbrechen seiner Tochter detailliert aufführte, dann verbannte er sie auf die kleine und trostlose Insel Pandateria. Später legte sich sein Zorn und er ließ sie nach Reggio di Calabria kommen, wo sie nach elf Jahren, 14 n. Chr., im selben Jahr also wie ihr Vater, starb.

Ovids Liebeskunst

Auch der Dichter Ovid (Publius Ovidius Naso, 43 v. Chr.–17 n. Chr.) bekam die Härte der Sittengesetze des Augustus zu spüren. Beschuldigt, in einen Skandal mit der

Enkeltochter des Imperators verwickelt zu sein, die nicht nur wie ihre Mutter Julia hieß, sondern auch nahezu so verdorben war, wurde Ovid nach Tomi verbannt, einem winzigen, nur von „Barbaren" bewohnten Ort am Schwarzen Meer. Nie wieder kehrte er nach Rom zurück. Zu seinem umfangreichen Werk zählt die „Ars amatoria", die „Liebeskunst", die als Anleitung zur Verführung mitnichten den neuen Moralvorstellungen des Kaisers entsprach. Was man im einzelnen Ovid vorwarf, ist unbekannt, doch neben seinen Verwicklungen mit Julia dürfte auch die „Liebeskunst" mit Ratschlägen wie dem folgenden für junge Männer einigen Anstoß erregt haben:

„Zuerst durchdringe dich die Zuversicht, daß alle erobert werden können. Du wirst sie fangen, spanne nur die Netze aus! Eher können im Frühjahr die Vögel

Statue einer Römerin. 1. Jh. v. Chr. (Archäologisches Museum, Neapel)

schweigen, im Sommer die Zikaden, eher kann der arkadische Jagdhund vor dem Hasen fliehen als eine Frau einem jungen Manne widerstehen, wenn er sie schmeichelnd in Versuchung führt."

Auch an die jungen Mädchen richtet sich Ovid. Er rät ihnen, wie sie sich anziehen und zurechtmachen sollen und welche Frisuren den Männern am besten gefallen. Doch bei solchen Präliminarien bleibt er nicht stehen:

„Glaube mir, die Wonne der Venus darf nicht überstürzt, sondern muß allmählich durch langes Verzögern hervorgelockt werden. Hast du die Stellen gefunden, deren Berührung der Frau Freude macht, so stehe die Schamhaftigkeit dir nicht im Wege, sie zu berühren."

Zugleich zeigt uns Ovid aber auch die Schattenseite der Liebe, wo Leidenschaft und Begierde auf Brutalität und Grausamkeit treffen. Während im Zirkus die Gladiatoren im tödlichen Duell gegeneinander kämpften und verurteilte Verbrecher oder christliche Märtyrer von wilden Tieren in Stücke gerissen wurden, sahen die vornehmen Männer und Frauen Roms ihren Qualen unbewegt zu und wiegten sich in dem Gefühl der Sicherheit, daß die einzige Verletzung, die ihnen zugefügt werden konnte, eine Wunde von Cupidos Pfeilen war.

„In jener Arena hat oft der Sohn der Venus gekämpft, und wer bei Verwundungen zuschaute, hat nun selbst eine Wunde. Während er noch sprach und die Hand berührte, das Programm verlangte und unter Einsatz eines Pfandes wettete, wer von beiden den Sieg davontragen werde, seufzte er verwundet auf, fühlte das gefiederte Geschoß und war damit selbst in das Spiel einbezogen, das er anschaute."

OBEN: Rückansicht der Kapitolinischen Venus, auch bekannt als „kallipygische Venus", nach dem griechischen *kallipygos,* „mit schönem Hintern", über den diese hervorragende römische Marmorstatue in der Tat verfügt. (Kapitolinisches Museum, Rom)

RECHTE SEITE: In der Vorderansicht zeigt die Kapitolinische Venus, keusch Brust und Scham bedeckend, alle Attribute der Sinnlichkeit der römischen Göttin der Liebe. Römische Kopie einer älteren griechischen Statue, 2. Jh. v. Chr. (Kapitolinisches Museum, Rom)

Professor William Fitzgerald gibt eine Einschätzung der Gladiatoren aus moderner Sicht:

„Sie waren der Abschaum der Gesellschaft und die Rockstars der Antike in einem. Eine in Pompeji entdeckte Kritzelei an einer Mauer im Gladiatorenlager verkündet, einer der Gladiatoren brächte das Herz jedes jungen Mädchens zum Rasen. Und bei dem Satiriker Juvenal lesen wir von einer reichen, vornehmen Frau, die einem Gladiator hinterherläuft. In den Ruinen von Pompeji fand man unter den versteinerten Lavamassen einen Komplex mit einfachen Zimmern, den Schlaftrakt der Gladiatoren. Dort, erstarrt in der Zeit, lag ein Gladiator, die Arme schützend um eine Frau gelegt, die, wie an ihrem Schmuck unschwer zu erkennen ist, aus den besseren Kreisen stammte. Beide wurden unter der heißen Asche begraben."

Zu Lebzeiten Ovids waren Gewalt und Blutvergießen das, was die Zuschauer in den Zirkus zog. Einige Jahre nach seinem Tod begann jedoch – vor allem im Kolosseum – Sex eine immer größere Rolle in den Darbietungen zu spielen, bei denen zum Beispiel Paarungen aus der Mythologie zwischen Tieren und Menschen inszeniert wurden. Die Kopulation von Pasiphae mit einem Stier muß ein tödliches Ende und damit die Funktion einer Exekution gehabt haben.

Als Inbegriff des von Ovid gezeichneten Ideals der schönen, sich aber zugleich immer auch ein wenig widerspenstig zeigenden Frau kann die Statue der sogenannten

Kapitolinischen Venus gelten, deren Körperhaltung wie die über die Brust gelegte Hand den Eindruck vermitteln, daß sie sich zugleich versteckt und anbietet (s. Abb. S. 147). Ihr weicher, sinnlicher Körper ist ein wenig rundlicher als es die gängigen modernen Idealmaße vorschrieben. Betrachtet man jedoch die Statue von der Rückseite, so wird deutlich, warum sie bisweilen auch die „kallipygische Venus" genannt wird, nach dem griechischen *kallipygos*, „mit schönem Hintern". Mit ihrem wahrhaft erstaunlichen Hintern steht sie für den Inbegriff römischer Sinnlichkeit.

Auch die Statuen von Männern aus dieser Zeit zeigen eine Vorliebe für eher weiche, sinnliche Linienführung und Formgebung. An einem Porträt des Mars, Liebhaber der Venus und Gott des Krieges, läßt sich dies verdeutlichen. Anders als sein griechisches Gegenstück Ares, der üblicherweise als kampfbereiter Krieger dargestellt wurde, vermittelt die römische Statue mit ihrer entspannt sitzenden Haltung und dem gedankenverlorenen Blick eher die Körpersprache der Liebe (s. Abb. S. 148). Daß dieser Mars tatsächlich verliebt ist, verrät dem Betrachter der kleine Cupido, der mit Pfeil und Bogen zu Füßen des Gottes sitzt und lächelnd zu ihm aufschaut. Die Figur des Cupido wie der Griff des Schwertes und das eine oder andere Detail wurden im 17. Jahrhundert von Gian Lorenzo Bernini restauriert, die Komposition der Statue aber blieb unverändert.

LINKE SEITE: Der Kriegsgott Mars (oder Ares) einmal nicht im Kampf, sondern von der Liebe ergriffen. Die Statue ist unter dem Namen „Ares Ludovisi" bekannt und wurde möglicherweise für den Marstempel in Rom angefertigt. Ob die Skulptur von der Hand des griechischen Bildhauers Skopas Minor (ausgehendes 2. Jh. v. Chr.) stammt oder ob es sich um eine römische Kopie aus dem 2. Jh. handelt, ist nicht geklärt. (Thermenmuseum, Rom)
LINKS: Unter dem rechten Bein des Mars hockt Cupido und schaut zu dem Kriegsgott auf. Die Figur wurde erst bei der Restaurierung der Skulptur durch Gian Lorenzo Bernini um 1620 hinzugefügt. (Thermenmuseum, Rom)

RECHTS: Fragment eines mittels einer Form hergestellten Terrakottareliefs eines *gladiator bestiarius* (Tierkämpfer). Ein kompletter Abguß befindet sich im Archäologischen Museum in Neapel. Der Gladiator blickt nach links, während ein Löwe zum Sprung ansetzt. 1. Jh. n. Chr. (British Museum, London)

OBEN: Terrakottagruppe zweier mit Schilden und Schwertern kämpfender Gladiatoren. Viele der Gladiatoren waren verurteilte Straftäter oder Sklaven. 1. Jh. n. Chr. (British Museum, London)
RECHTE SEITE: Das Amphitheater in Pompeji ist die älteste bekannte Anlage dieser Art Italiens und wurde 80 v. Chr., in dem Jahr, in dem Pompeji römische Kolonie wurde, erbaut. Es bot 20 000 Menschen Platz und mißt 135 x 104 Meter. Pompeji, Italien, 80 v. Chr.

Sex und Gewalt waren in der Antike ebenso eng miteinander verwoben wie in der modernen Welt. Mit dem Bau des Kolosseums nach dem Tode Ovids erreichten beide Elemente den Gipfel der Dekadenz. Dem unersättlichen Publikum wurden nun nicht mehr nur Kämpfe auf Leben und Tod gezeigt, sondern auch öffentlich zur Schau gestellte Sodomie nach mythischem Vorbild.

12 *Der Anfang vom Ende*

RECHTE SEITE: Der um 130 errichtete Hadriansbogen in Athen markiert die Grenze zwischen der alten, von Theseus gegründeten Stadt und der hadrianischen Erweiterung nach Osten. Die griechische Inschrift auf dem Fries lautet: „Dies ist die Stadt Hadrians, nicht die des Theseus." Das Tor ist 18 m hoch und 12,5 m breit. (Zappeion Gärten, Athen)
UNTEN: Teilansicht einer Statue Agrippinas, der Mutter Kaiser Neros, möglicherweise einer athenischen Aphrodite nachempfunden, ca. 55 n. Chr. Die in der Stadt der Ubier (Köln) geborene Agrippina war ebenso grausam und zügellos wie intelligent und schön. (Archäologisches Museum, Neapel)

Die Zerstörung Pompejis durch den Ausbruch des Vesuv im Jahr 79 n. Chr. markiert gleichsam symbolisch das Ende einer ausgesprochen dekadenten Epoche, die das Römische Reich unter dem letzten Caesaren, dem berüchtigten Kaiser Nero (37–68 n. Chr.), durchlief.

Mit Nero bewahrheitete sich auf groteske Weise Lord Actons Diktum: „Macht verführt zur Korruption; Machtvollkommenheit führt zur vollkommenen Korruption." Es scheint, als ob die Götter von Anfang an gegen Nero waren. Sein Vater Domitius starb, als er drei Jahre alt war, seine Mutter Agrippina wurde kurze Zeit später verbannt. Also wurde Nero zunächst von einer Tante großgezogen und der Obhut eines Tänzers und eines Barbiers anvertraut, beide Sklaven, die seine „Lehrer" wurden - kaum ein idealer Start in das Leben eines zukünftigen Kaisers. Später wurde der Philosoph Seneca, ein Vertreter des Stoizismus, mit seiner Erziehung und Ausbildung betraut. Er soll es auch gewesen sein, der Nero zu ersten homoerotischen Beziehungen ermutigte.

Im Jahr 49 heiratete seine Mutter Agrippina Kaiser Claudius, der ein Jahr später Nero adoptierte. Nach Claudius' Tod im Jahr 54 – vermutlich hatte ihn Agrippina vergiftet – wurde Nero im Alter von 16 Jahren zum Kaiser gekrönt. Im gleichen Jahr verführte und vergiftete er Britannicus, den vierzehnjährigen Sohn seiner Stiefmutter Messalina, der dritten Frau von Claudius und Vorgängerin seiner Mutter, deren unzüchtiger Lebenswandel allgemein bekannt war.

Mit zwanzig hatte Nero sowohl eine Gattin, Octavia, Tochter von Messalina, als auch eine ebenso einflußreiche wie schöne Mätresse, Poppaea. Gemeinsam planten die beiden Frauen den Mord an Neros Mutter Agrippina, die bereits versucht hatte, ihren eigenen Sohn zu verführen. Zu diesem Zweck baten sie sie in den Badeort Baiae, einem beliebten Ziel der reichen Römer, die dort Heilwasser tranken, in den natürlichen heißen Quellen badeten und in ihren luxuriösen Villen ein Leben des Müßiggangs führten. Der Plan sah vor,

OBEN: Römischer Mosaikboden in den Ruinen von Baiae am Golf von Neapel. Die öffentlichen Terrassen mit Blick aufs Meer waren Teil des weitläufigen Thermalkomplexes von Baiae, in der Antike größter Badeort Italiens, in dem Caesar, Cicero, Pompeius und viele andere einflußreiche Römer Villen am Meer besaßen. RECHTE SEITE: Das Thermalbad in Baiae. Es gab vier große Thermen, die jeweils über eigene Ruhe-, Gemeinschafts- und Erfrischungsräume verfügten. Die mit Kuppeldächern versehenen Badehäuser wurden irrtümlich für Tempel gehalten. Das älteste und am besten erhaltene ist der sogenannte Tempel des Merkur, dessen Kuppel im Hintergrund zu erkennen ist.

Agrippina in einem Boot aufs Meer hinausfahren zu lassen. Eine spezielle Vorrichtung sollte dann dafür sorgen, daß das Boot nach einiger Zeit leckschlug und unterging, so daß seine Passagierin ertrank. Doch an dem entsprechenden Tag war die See vollkommen ruhig, und der Mechanismus zum Versenken des Bootes funktionierte nicht. Agrippina wußte nun aber, daß ihr Sohn sie ermorden wollte. Also floh sie in ihre nahe gelegene Villa. Sie war kaum dort angekommen, als bereits einige Soldaten Neros eintrafen und sie zu Tode prügelten.

Neros nächster Schachzug sah die Verbannung seiner Frau Octavia vor, die er nach Pandateria ins Exil schickte, eben jene Insel, auf die Jahre zuvor auch Augustus seine Tochter Julia hatte bringen lassen. Bei ihrer Ankunft wurde Octavia, angeklagt des Verrats, hingerichtet. Nun hatte Nero endlich freie Hand, um seine Mätresse Poppaea an seiner Seite auf den Thron zu setzen. Doch auch ihr Leben sollte schon bald ein gewaltsames Ende finden. Als sie es eines Tages wagte, Nero Vorwürfe zu machen, weil er verspätet von den Wagen- und Pferderennen heimkehrte, verlor er die Beherrschung und peinigte sie mit Fußtritten, bis sie tot war. Neros Grausamkeit und Brutalität kannte keine Grenzen. Dutzende Senatoren, hohe Offiziere und einflußreiche Bürger wurden auf seinen Befehl hin ermordet, wobei als Anlaß

RECHTS: Der Wagenlenker. Eine imposante Bronzestatue, die noch die Zügel der vier nicht mehr vorhandenen Pferde in der Hand hält. Das lange, in Falten gelegte Gewand, der Chiton, wurde durch den hoch angesetzten Gürtel und Bänder am Rücken zusammengehalten, um zu verhindern, daß die Pferde durch das Flattern des Stoffs scheuten. Der Inschrift zufolge wurde die Gruppe dem Tempel des Apollon in Delphi von einem gewissen Pyzalus aus dem italienischen Gela gestiftet, der damit seiner Dankbarkeit für den Sieg in einem Rennen im Rahmen der Pythischen Spiele (die im Stadion von Delphi abgehalten wurden) Ausdruck verleihen wollte. Ca. 478 v. Chr. (Museum, Delphi, Griechenland)

häufig schon Neros Eifersucht auf die Erfolge anderer ausreichte. Selbst sein Lehrer und Erzieher Seneca wurde von ihm zum Selbstmord gezwungen.

Unrühmliche Bekanntheit erlangte Nero schließlich durch die Verfolgung der kleinen römischen Christengemeinde, die er für das Feuer verantwortlich machte, das im Juli 64 die Stadt verheerte. Vermutlich hatte er selbst den Brand legen lassen, um Platz für einen riesigen Palast zu schaffen, den er zu bauen gedachte. Inzwischen war Nero in Rom so verhaßt, daß er um sein Leben fürchten mußte. Er floh nach Griechenland, doch auch hier machte er sich seine Untertanen schon bald zu Feinden. Sie waren vor allem deshalb erzürnt, weil er den Termin der heiligen Olympischen Spiele seinen Reiseplänen anpaßte und die Disziplinen Gesang und Lyraspiel einführte, um selbst an den Wettbewerben teilzunehmen – und selbstverständlich zu gewinnen.

Bei seiner Rückkehr nach Rom im Jahr 68 zog Nero an der Spitze eines gigantischen Triumphzuges in die Stadt ein, seine olympischen Trophäen wurden ihm vorangetragen. In den Augen der militärischen Führung stellte dies eine Beleidigung dar, der Bevölkerung war es nur ein weiterer Beweis seiner Lächerlichkeit. Kurz darauf kam es in Spanien zum Aufstand, dem sich die römischen Truppen mit ihrem Statthalter Galba anschlossen. Nero floh aus Rom und versteckte sich im Haus eines Sklaven vor den Toren der Stadt, von wo aus er hoffte, nach Griechenland entkommen zu können. Als er jedoch erfuhr, daß sich der Senat auf die Seite Galbas geschlagen und ihn geächtet hatte und die Prätorianer bereits auf dem Weg waren, ihn zu verhaften, befahl er seinem Sekretär, ihm die Kehle zu durchschneiden.

Nach dem Tod Neros begann sich das Römische Reich, oder das, was davon noch übrig war, allmählich von der Terrorherrschaft des Kaisers zu erholen. Dennoch blieben die Verhältnisse zunächst unsicher, da auch Galba sich schon bald verhaßt machte und nach nur sechsmonatiger Amtszeit von den Prätorianern ermordet wurde. Sechs weitere, relativ unbedeutende Kaiser lösten sich in schneller Folge ab, bis schließlich im Jahr 98 Trajan, einer der größten römischen Herrscher, unter dem das Reichsgebiet seine größte Ausdehnung erfuhr, den Kaiserthron bestieg. Er starb im Jahr 117. Sein Mündel Hadrian, der Sproß einer angesehenen römischen Familie, die lange Zeit in Spanien gelebt hatte, folgte ihm auf den Thron.

Der Kaiser und sein junger Adonis

Hadrian hatte die vierzehnjährige Vibia Sabina, die Großnichte Trajans, geheiratet und war damit eine arrangierte Ehe eingegangen, die seinen Anspruch auf die Thronnachfolge untermau-

UNTEN: Büste Kaiser Hadrians. 2. Jh. n. Chr. (Archäologisches Museum, Neapel)

Marmorstatue von Hadrian und seiner Gattin Sabina. Die Tatsache, daß sie als Mars und Venus dargestellt werden, soll dem Betrachter nahelegen, daß sie wie die beiden Gottheiten Liebe füreinander empfanden. Sabina sieht zu ihrem Gatten auf und streckt die Hände nach ihm aus, während Hadrian, gerüstet mit Helm und Schwert, gedankenverloren in die Ferne schaut. 2. Jh. n. Chr. (Louvre, Paris, Nr. Ma 1009)

erte. (Der Anspruch auf den Thron des Römischen Reichs war, zumindest der Theorie nach, nicht durch Erbfolge geregelt. Gleichwohl spielten in der Praxis häufig verwandtschaftliche Beziehungen eine Rolle.) Da die römischen Kaiser idealisiert und nach ihrem Tod zu Göttern erhoben wurden, überrascht es nicht, daß eine Skulptur des Kaiserpaares den nackten Hadrian und Sabina in der Pose von Venus und Mars, des berühmten Liebespaares aus dem römischen Pantheon, darstellt (s. Abb. oben). In Wahrheit jedoch folgte der Herrscher – wie schon Trajan vor ihm – vor allem homoerotischen Neigungen. Seine zahlreichen Reisen dienten daher vielleicht nicht nur der Inspektion der zu diesem Zeitpunkt weit ausgedehnten Grenzen des Reiches, sondern waren unter Umständen auch Ausdruck seiner psychischen und sexuellen Ruhelosigkeit.

Im Jahre 128 trafen Hadrian und Sabina in Korinth ein. In ihrem Gefolge befand sich

LINKE SEITE: Blick durch die Säulen des Apollontempels von Delphi. Sehr wahrscheinlich haben Hadrian und Antinoos auf ihrer Reise von Korinth nach Athen auch das Orakel von Delphi besucht.
LINKS: Büste des Antinoos. 2. Jh. n. Chr. (Archäologisches Museum, Neapel)
UNTEN: Eine der kunstvollsten Statuen des Antinoos wurde 1893 in Delphi entdeckt. Das Haar ist mit einer anderen Marmorsorte farblich abgesetzt und dürfte ursprünglich mit einem goldenen Kranz geschmückt gewesen sein. Mit ihrem melancholischen Gesichtsausdruck und dem leicht gebeugten Kopf bringt die überlebensgroße Statue zum Ausdruck, was es bedeutet haben mag, der Liebhaber des bedeutendsten Mannes jener Zeit gewesen zu sein. 130–138 n. Chr. (Museum, Delphi, Griechenland)

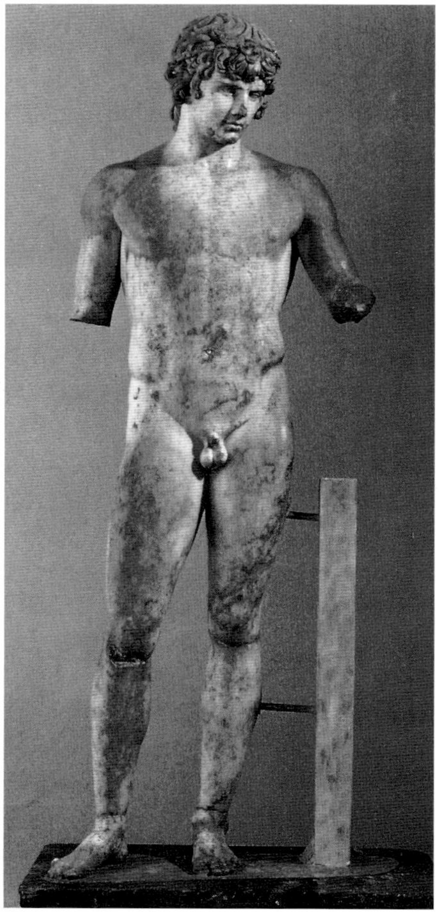

ein schöner, achtzehnjähriger Grieche mit Namen Antinoos. Daß er äußerst attraktiv war, läßt sich noch heute an den zahllosen Statuen und Skulpturen erkennen, die Hadrian nach seinem Vorbild anfertigen ließ. Der Kaiser, der das Griechische besser beherrschte als die lateinische Sprache, begriff sich in seiner Beziehung zu Antinoos als *erastes* oder liebender Lehrer und seinen jungen Freund als *eromenos,* den liebenden und geliebten Schüler, worin sich einmal mehr der Einfluß der griechischen Kultur auf die römische Welt zeigte.

Ein Motiv für Hadrians Reise nach Griechenland war sein Wunsch, den geheimen religiösen Riten der Eleusinischen Mysterien beizuwohnen sowie die Orakel zu befragen. Das bekannteste war das Orakel von Delphi, das zum damaligen Zeitpunkt auf eine mehr als 1000 Jahre währende Tradition zurückblicken konnte. In Delphi entdeckte man 1893 eine bedeutende, vollkommen unbeschädigte Marmorstatue des Antinoos. Abgestoßen von der homoerotischen Beziehung des jungen Griechen zu Hadrian, die bei der großen Mehrheit der Untertanen des Kaisers auf uneingeschränkte Akzeptanz gestoßen sein dürfte, bemühte sich das Christentum später, Antinoos schlechte Charaktereigenschaften zuzuschreiben. Im Gegensatz dazu preist ihn eine der wenigen überlieferten zeitgenössischen Beschreibungen für seine Intelligenz und Weisheit und spricht von der „Stärke des Geistes und Verstandes" des Antinoos.

Während seines Aufenthaltes in Athen beschloß Hadrian, die Stadt zum Sitz des von ihm gegründeten panhellenischen Bundes zu machen. Er ließ einen prachtvollen, Zeus bzw. Jupiter geweihten Olympieion vollenden, erklärte sich selbst zum Gott und bekam von den dankbaren Athenern den Beinamen Olympier verliehen. Sechs Monate verbrachten Hadrian und sein Gefolge in Athen. Antinoos und Hadrian, der sich kaum jemals an einem anderen Ort so lange aufgehalten hatte, verbrachten die Zeit mit dem Studium der Philosophie und der Eleusinischen Mysterien, die beide gleichermaßen faszinierten. Angeblich soll sich auch hier, wo Paulus ein halbes Jahrhundert zuvor gepredigt hatte, der Kaiser zum ersten Mal mit den Lehren des Christentums vertraut gemacht haben. Doch auch wenn er der Christenverfolgung

Zeustempel in Olympia. Dieser größte Tempel Griechenlands, dessen Bauzeit annähernd 600 Jahre betrug, wurde zu Ehren von Hadrians Ankunft in Athen im Jahr 130 fertiggestellt. Von den ursprünglich 104 dorischen Säulen aus pentelischem Marmor stehen heute nur noch 15. Im Innern des Tempels ließ Hadrian eine riesige Statue des Zeus und seiner selbst aufstellen. 108 x 41 m, Athen, um 460 v. Chr.–130 n. Chr.

in Athen ein Ende bereitete, so scheint die neue Religion keinen sonderlichen Eindruck auf ihn gemacht zu haben. Jedenfalls wurde dadurch nicht seine Haltung gegenüber Palästina beeinflußt, dessen Bewohner bereits im Jahre 70 den Aufstand gegen Rom geprobt hatten (der erst durch das massive Truppenaufgebot des Kaisers Titus niedergeschlagen werden konnte) und sich noch immer aufrührerisch zeigten.

Doch allzu lange hielt es den Kaiser auch in Athen nicht. Im Juni 129 war er in Syrien. Allerdings stand sein Aufenthalt dort von Anfang an unter einem schlechten Stern. Als er und Antinoos den Gipfel des Berges Casius erstiegen, um dem Zeus ihr Morgenopfer darzubringen, wurden das Opfertier und der Priester vom Blitz erschlagen. Aufgeschreckt durch dieses schlechte Omen, begaben sie sich überstürzt nach Jerusalem. Hadrian betrat die Heilige Stadt in feindseliger Stimmung. Die Studien in Athen hatten sein Mißtrauen gegenüber der jüdischen wie auch der christlichen Religion nicht beseitigen können, in denen er eine Bedrohung der griechisch-römischen Kultur sah, als deren Verteidiger er sich empfand. Unfähig, diese Religionen gänzlich auszulöschen, versuchte er doch zumindest ihre Ausübung einzuschränken, zum Beispiel durch das Verbot der Beschneidung. Zudem ordnete er die Errichtung eines weiteren Jupiter-Tempels auf dem Gelände des salomonischen Tempels an, dem heiligsten Ort Jerusalems. Nachdem er schließlich die Stadt auch noch in Aelia Capitolina umbenannt hatte, machte er sich auf den Weg nach Ägypten. Mittlerweile war er in Jerusalem so verhaßt, daß ein Anschlag auf ihn immer wahrscheinlicher wurde.

Ägypten und der Nil

Als Hadrian im August 130 in Alexandria, der reichsten Stadt des Römischen Reichs, ankam, mußte er feststellen, daß ihm sein Ruf bereits vorausgeeilt war. Es herrschte eine Atmosphäre des Aufruhrs. Wohl auch aus diesem Grund regte er jenen berühmten Jagdausflug an, bei dem ein menschenfressender Löwe, der die örtliche Bevölkerung in Angst und Schrecken versetzte, erlegt werden sollte. Als die Jagdgesellschaft den Löwen endlich gestellt hatte, verwundete der Kaiser ihn mit einem gezielten Speerwurf. Daraufhin stürzte sich das wütende Tier auf Antinoos, der verloren gewesen wäre, hätte Hadrian nicht in letzter Sekunde den Löwen mit einem zweiten Speer töten können. In einem Triumphzug kehrte der Kaiser nach Alexandria zurück, wo er die Prägung von Münzen anordnete, mit denen seines Sieges über den König der Tiere gedacht werden sollte.

Der nächste Programmpunkt sah eine Reise ins Landesinnere flußaufwärts auf dem Nil vor. Bereits seit zwei Jahren war der Fluß nicht mehr über die Ufer getreten, was in den Augen

Blick auf die Ruinen eines Gebäudekomplexes der Hadriansvilla (Villa Adriana) bei Sonnenuntergang. Die gewaltige Anlage bei Tivoli, etwa eine Stunde östlich von Rom, erstreckte sich über ein Areal von fast 120 Hektar und vereinigte in Erinnerung an Hadrians ausgedehnte Reisen durch das Reich die verschiedensten architektonischen Stilrichtungen. Zudem gab es ein weitläufiges Netz unterirdischer Versorgungskanäle und Gänge, in denen sich das Dienstpersonal ungesehen durch die Villa bewegen konnte, ohne das Leben in den oberen Räumen zu stören. Tivoli, Bauzeit 118–138 n. Chr.

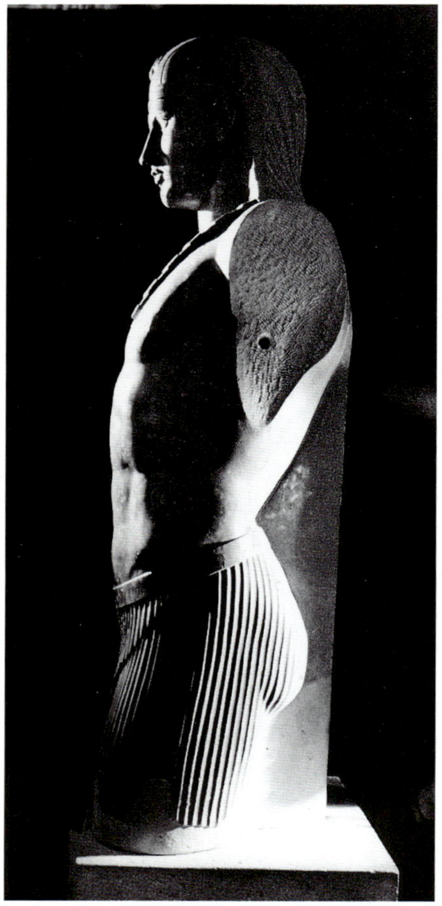

der Ägypter ein sicheres Zeichen für den Zorn der Götter war. Hadrian befragte deshalb die Priester und Astrologen, dürfte aber wohl nur mäßig begeistert gewesen sein, als er von ihnen erfuhr, daß man früher in solchen Fällen den Pharao oder seine Tochter geopfert hatte, um den Gott des Flusses zu besänftigen. Schließlich machte sich der Kaiser mit einer aus mehreren Barken bestehenden Flotte auf den Weg nach Theben, wobei er nicht versäumte, die Kultstätte des heiligen Stiers Apis in Memphis aufzusuchen.

Etwa auf halbem Wege nach Theben machte man halt an einem Schrein. Der Kaiser beriet sich erneut mit den Priestern, die ihm die Geschichte von Isidora erzählten, einem fünfzehnjährigen Mädchen, das kurz zuvor an dieser Stelle im Nil ertrunken war. Da man glaubte, daß der Fluß allen, die durch ihn den Tod fanden, ewiges Leben verlieh, wurde das Mädchen von den Menschen der Region kultisch verehrt. Weiter flußaufwärts kam die Flotte an einem kleinen, Ramses II. geweihten Tempel unweit des heutigen Dorfes El-Schech Ibada vorbei, wo Antinoos auf mysteriöse Weise für immer verschwand.

Bei seiner Rückkehr nach Rom wiederholte der vollkommen verstörte Hadrian ein ums andere Mal die Worte: „Er ist in den Nil gestürzt." Hadrian zog sich in seine prachtvolle Villa in Tivoli vor den Toren Roms zurück – deren Ruinen man noch heute besichtigen kann – und betrauerte den Tod des Menschen, den er über alles geliebt hatte. Kurz bevor er starb, ließ er noch ein riesiges, griechisch-ägyptisches Denkmal errichten, das Antinoos mit Dionysos und Osiris gleichsetzte. Der schöne junge Mann, so glaubte Hadrian, mußte ein Gott gewesen sein; und ohne sich darüber mit dem Senat zu beraten, befahl er die Einführung eines Kultes, mit dem diese neue Gottheit verehrt werden sollte. Noch Jahrhunderte später veranstaltete man Spiele zu Ehren von Antinoos. Zu Hunderten wurden Statuen von ihm erschaffen, und in Rom selbst stellte man einen riesigen Obelisken auf, der seiner gedachte. Antinoos sollte der letzte, nicht im Range eines Kaisers stehende Sterbliche sein, der in dieser Weise verehrt wie vergöttert wurde und dessen Kopf auf einer kaiserlichen Münze prangte.

Im Jahre 136 erlitt Hadrian zum wiederholten Mal eine Blutung, die jedoch schwerer

OBEN: Darstellung des Antinoos als ägyptischer Gott, vermutlich als Osiris. An seinem Todestag gründete Hadrian in Nordägypten 132 n. Chr. die Stadt Antinupolis. Höhe 1,35 m, 2. Jh. n. Chr. (Ägyptisches Museum, München, Nr. WAF 24)
RECHTS: Steinernes Krokodil im Garten der Villa Adriana am Kanopussee (nach dem Kanopus, dem ehemals westlichsten Nilarm bei Alexandria).
RECHTE SEITE: Kolonnade am westlichen Ende des Kanopussees. Entlang dem langgestreckten Wasserbecken fanden sich zahlreiche Kopien berühmter griechischer Skulpturen, darunter auch solche, die Antinoos darstellten. (Villa Adriana, Tivoli)

war als alle vorangegangenen. Zwar erholte er sich noch einmal, mußte aber nun der Tatsache Rechnung tragen, daß die Zeit gekommen war, einen Nachfolger zu ernennen, da die Ehe mit Sabina kinderlos geblieben war. Seine Wahl fiel auf einen gewissen Lucius Commodus, einen 35jährigen Aristokraten, dessen Verdienste sich im wesentlichen auf sein gutes Aussehen und die Erfindung eines Fleischkuchens beschränkten, den der Kaiser besonders mochte. Doch auch Lucius Commodus war ein kranker Mann, der vor seiner ersten Rede vor dem Senat versehentlich eine Überdosis eines Medikaments einnahm, an der er starb. Kurz darauf starb auch Sabina. Hadrian, der sie nie sonderlich gemocht hatte, verlieh ihr zwar den ihr zukommenden Status einer Göttin und trauerte um sie, wie es die Tradition verlangte, trug sie aber ohne großen Pomp zu Grabe. Nun mußte er erneut über einen Nachfolger entscheiden und wählte den konservativen Senator Antoninus Pius. Inzwischen war der Kaiser so krank, daß er, in eine tiefe Depression verfallen, versuchte, Selbstmord zu begehen. Doch sein Arzt konnte ihm das Gift noch rechtzeitig entreißen (und trank es, so will es die Legende, statt dessen selbst). Daraufhin wollte Hadrian sich erdolchen, doch auch daran hinderte man ihn. Schließlich zog er sich mit seinem Gefolge nach Baiae zurück, wo er sich, den Rat der Ärzte mißachtend, willentlich zu Tode trank. Hadrian starb am 10. Juli 138.

OBEN: Das Teatro marittimo auf dem Gelände der Villa Adriana. Auf der durch einen künstlichen Kanal abgeteilten Insel stand einst eine kleine Villa, in die sich der Kaiser zuweilen zurückzogen haben soll, um der Welt zu entfliehen. (Villa Adriana, Tivoli)

LINKE SEITE: Einer von zwei hervorragend gearbeiteten Zentauren, die auf dem Gelände der Hadriansvilla gefunden wurden.
Die barocken Rundungen der aus schwarzem Marmor gehauenen Skulptur vermitteln täuschend echt den Eindruck von Bronze. Signiert von zwei Bildhauern aus Aphrodisias, 2. Jh. n. Chr. (Kapitolinisches Museum)

Apotheose der Sabina, die (ganz oben im Bild) von einer geflügelten Gottheit entrückt wird. Die sitzende Figur rechts stellt Hadrian dar, der das Geschehen beobachtet, während ein junger Mann (Antinoos?) zu ihm aufschaut. Relief, 2. Jh. n. Chr. (Conservatori Museum, Rom)

Obwohl die Inschrift auf dem Obelisk des Antinoos darauf verweist, daß sein mumifizierter Körper irgendwo auf dem Gelände der Hadriansvilla begraben liegt, bleibt das Rätsel um seinen Tod ungelöst. Vielleicht war es, wie der Kaiser selbst glaubte, ein Unfall. Möglicherweise aber handelte es sich auch um einen Selbstmord – den Selbstmord eines jungen Mannes, der seiner Knabenzeit entwachsen war und sich nicht länger in der Lage sah, für seinen Gott-Kaiser die Rolle des *eromenos* zu spielen. Es wäre sogar denkbar, daß es sich um einen Opfertod handelte, mit dem Hadrian den Weisungen der ägyptischen Priester folgte, um den Gott des Nils zu besänftigen und sein eigenes Ansehen zu festigen. Aber bringt ein Gott den Göttern Opfer dar? Hätte Hadrian bereitwillig die Liebe seines Lebens aufgegeben? Oder hat sich Antinoos aus eigenem Antrieb in die Fluten gestürzt? Wir werden es nie erfahren. „Er ist in den Nil gestürzt“, ist die einzige Information, die wir haben – dabei müssen wir es belassen.

Antinoos – Adonis – Adonai

Das Ideal des Jünglings Antinoos entsprang nicht einfach nur der Phantasie eines Megalomanen. Vielmehr war Antinoos ein Symbol sowohl für die untergehende griechische Kultur als auch für die Sehnsucht nach neuen, umfassenderen Glaubensgrundsätzen und Überzeugungen. Er verkörperte die Balance zwischen den klassischen Religionen Ägyptens, Griechenlands und Roms einerseits und dem aus dem Osten kommenden Konzept der Erlösung durch den Tod. In gewisser Weise war er Adonis, der junge Halbgott, der in der Blüte seiner Jugend starb, den alle liebten und betrauerten. Und zugleich war er auch wie der Christus, der den Opfertod starb. So nimmt es nicht wunder, daß die Urchristen seine außerordentliche Popularität und Macht fürchteten und sowohl die Vergötterung seiner Person als auch die in seinem Namen abgehaltenen Feste, die noch Jahrhunderte nach seinem Tod gefeiert wurden, bekämpften.

Tausende von Statuen wurden zu Ehren des Antinoos angefertigt, und mehr als 120 Statuen und Büsten, die im 2. Jh. n. Chr. entstanden und für authentisch erklärt wurden, stehen in Museen auf der ganzen Welt. Als der englische Dichter Lord Tennyson im British Museum eine Antinoos-Figur erblickte, blieb er stehen und rief aus: „Oh, der

Statue des mit einer Toga bekleideten Hadrian in der Rolle des obersten Priesters. Die Gesichtszüge spiegeln die Trauer wider, die zu diesem Zeitpunkt bereits das Leben des Kaisers überschattete. 2. Jh. n. Chr. (Kapitolinisches Museum, Rom)

unergründliche Bithyner! Wenn wir wüßten, was er wußte, würden wir die Antike verstehen."

Auch Hadrian ließ für ihn einen Obelisken errichten, der heute auf dem Pincio in Rom steht. Wo Antinoos begraben wurde, ist unbekannt. Eine neuere Übersetzung der Hieroglyphen scheint allerdings einen Hinweis auf sein Grab zu geben: „O, Antinoos! Jener Verblichene, der in diesem Grabe auf dem Landsitz des römischen Kaisers ruht." Bei Ausgrabungsarbeiten, die seitdem auf dem Gelände der Villa Adriana durchgeführt wurden, fanden sich keine weiteren Hinweise auf das Grab des Geliebten von Kaiser Hadrian. Im Kanopussee wurden jedoch 1952 vier Karyatiden und zwei riesige Silene entdeckt, wie sie in der Antike häufig als Träger oder Stützpfeiler für Grabbaldachine dienten. Vielleicht wird das Geheimnis um den Tod und das Grab des Antinoos nie enträtselt werden. Lassen wir also den Hieroglyphen auf dem Obelisken und damit Hadrian das letzte Wort: „Osiris Antinoos, der Gerechte, herangewachsen zu einem Jüngling mit schönem Antlitz, an dem sich das Auge erfreute."

Unweit des Ortes, an dem Hadrian starb, liegt die Höhle, in der die Sibylle von Cumae gelebt hatte. In Worten, die den Römern ihrer Zeit unverständlich bleiben mußten, hatte sie prophezeit: „Er wird Fünftausend sättigen mit fünf Broten und einem Fisch aus dem See."

LINKS UND OBEN: Obelisk zu Ehren des Antinoos auf dem Pincio in Rom. Sein ursprünglicher Standort ist unbekannt.

OBEN: Aphrodite erwehrt sich der Zudringlichkeiten Pans, während ihr Sohn Eros wie ein Renaissance-Putto zwischen beiden schwebt. (Archäologisches Museum, Athen)
RECHTE SEITE: Der Tempel der Isis in Delos. Der ebenso schlichte wie imposante dorische Tempel, den die Athener 135 v. Chr. der Isis weihten, legt Zeugnis davon ab, wie weit sich der Kult von Ägypten aus verbreitet hatte. Wesentlich später wich die Isis mit ihrem Sohn Horus nach und nach der das Jesuskind tragenden Jungfrau Maria.

Mit Hadrians Tod begann die lange Geschichte des Verfalls des römischen Reiches. Kaum zwei Jahrhunderte später sollte Kaiser Konstantin der Große das Christentum, eben jenen Glauben, der Hadrian so fremd gewesen war, zur Staatsreligion erheben. Die weiblichen Gottheiten, die die antike Welt verehrt hatte, von der ältesten, der Muttergöttin, über die Göttinnen von Mesopotamien und Ägypten bis zu denen Griechenlands und Roms, wichen nun einer neuen und weitaus mächtigeren Nachfolgerin: Maria, die Theotokos, die Mutter Gottes.

ΝΑΟΣ ΤΗΣ ΙΣΙΔΟΣ
TEMPLE D'ISIS

Bibliographie

Amour des Dieux et des Hommes. Eros Greek, Athen 1989 (Ministere de la Culture de Grece)

Andronicos, M.: Vergina, Athen 1984

Ascherson, N.: A Traveller in Rome, London 1957

Ascherson, N.: A Traveller in Southern Italy, London 1969

Ascherson, N.: Schwarzes Meer, Berlin 1996

The Atlas of Archaeology, London 1987

Bachofen, J. J.: Das Mutterrecht, Frankfurt/M. 1975

Barber, R.: Greece Blue Guide, London 1987

Baring, A./J. Cashford: The Myth of the Goddess. Evolution of an Image, London 1991

Bonfante, L.: "Etruscan Women. A Question of Interpretation", in: *Archaeology* 26 (1973), S. 242–249

Bonfante, L.: "Etruscan Couples and their Aristocratic Society", in: Foley, H. P. (Hg.): *Reflections of Women in Antiquity,* New York/London/Paris 1981, S. 323–342

Bonfante, L.: "Subject Matter in the Engravings and Reliefs on Etruscan Mirrors. Daily Life", in: Thomson de Grummond, N. (Hg.): *A Guide to Etruscan Mirrors,* Talahassee/Florida 1982, Kap. VII

Bonfante, L.: "The Women of Etruria", in: Peradotto, J./J. P. Sullivan (Hg.): *Women in the Ancient World. The Arethusa Papers,* New York 1984

Bonfante, L.: "Daily Life and Afterlife", in: Bonfante, L. (Hg.): *Etruscan Life and Afterlife,* Warminster 1986, S. 232–278

Bonfante, L.: Etruscan, London 1990

Cantarella, E.: Pandora's Daughters. The Role and Status of Women in Greek and Roman Antiquity, Baltimore 1987

Carpiceci, A. C./ L. Pennino: Paestum and Velia, Italien 1995

Davrill, T.: Prehistoric Britain, London 1987

Delporte, H.: "Gravettian Female Figurines. A Regional Survey", in: Knecht, H./ A. Pike-Tay/R. White (Hg.): *Before Lascaux. The Complex Record of the Early Upper Paleolithic,* Boca Raton 1993

Dyer, J.: The Penguin Guide to Prehistoric England and Wales, London 1981

Ehrenberg, M.: Die Frau in der Vorgeschichte, Berlin 1992

Eisler, R.: Sacred Pleasure, New York 1995

Fitts, D.: Lysistrata of Aristophanes, London 1962

Flaceliere, R.: Love In Ancient-Greece, London 1962

Freeman, C.: Egypt, Greece and Rome, New York 1996

Gimbutas, M.: The Goddesses and Gods of Old Europe. 6500–3500 BC. Myths and Cult Images, London 1979/1982

Grane, R.: Greek Myths 1 & 2, London 1955

Green, P.: Alexander to Aetium, London 1990

Greer, G.: Slip-Shod Sibyls, London 1995

Griffiths, R. J.: Paestum. Greeks and Romans in Southern Italy, London 1990

Grigson, G.: The Goddess of Love, London 1970

Heurgon, J.: Die Etrusker, Stuttgart 1993

Holloway, R. R.: "The Bulls in the 'Tomb of the Bulls' at Tarquinia", in: *AJA,* 90 (1986), S. 447–452

Hughs-Hallett, L.: Cleopatra – Histories, Dreams and Distortions, London 1990

James, E.O.: The Cult of the Mother-Goddess. An Archaeological and Documentary Study, London 1959

Johns, C.: Sex or Symbol. Erotic Images of Greece and Rome, London 1982

Keuls, E. C.: The Reign of the Phallus, Berkeley/Los Angeles/London 1993

Kiefe, O.: Sexual Life in Ancient Rome, London 1990

Kilmer, M.: Greek Erotica on Attic Red-Figure Vases, London 1993

Lambert, L./N. Thomson de Grummond: "The Usage of Etruscan Mirrors", in: Thomson de Grummond, N. (Hg.): *A Guide to Etruscan Mirrors,* Talahassee 1982, Kap. IX

Levick, B.: "The Fall of Julia the Younger", in: *Latomus* 35 (1976), S. 301–339

Macnamara, E.: Everyday Life of Etruscans, London 1973

Manniche, L.: Sexual Life in Ancient Egypt, London 1983

Montserrat, D.: Sex and Society in Graeco-Roman Egypt, London 1996

Norwood, F.: "The Riddle of Ovid's Relegatio", in: *Classical Philology* 58 (1963), S. 150–163

Nugent, S. G.: "Tristia 2: Ovid and Augustus", in: Raaflaub, Kurt A./Mark Toher (Hg.): *Between Republic and Empire. Interpretations of Augustus and his Principate,* Berkeley/Los Angeles/London 1990, S. 239–257

Pallotino, M.: The Etruscans. London 1975

Raaflaub, K. A./L. J. Samons: "Opposition to Augustus", in: Raaflaub, Kurt A./Mark Toher (Hg.): *Between Republic and Empire. Interpretations of Augustus and his Principate,* Berkeley/Los Angeles/London 1990, S. 417–454

Radice, B.: Who's Who in the Ancient World, London 1973

Ranke Graves, R.: Griechische Mythologie, Reinbek 1986

Reeder, E. D.: Pandora. Frauen im klassischen Griechenland, Basel/Köln 1996

Richmond, I.: Roman Archaeology and Art, London 1969

"sardi": Erotic Through the Ages, New York 1992

Scullard, H. H.: From the Gracchi to Nero. A History of Rome from 133 B.C. to A.D. 68, London 1976

Seton-Williams, V./P. Stocks: Egypt Blue Guide, London 1993

Sieveking, A.: The Cave Artists, London 1979

Spivey, N./S. Stoddart: Etruscan Italy, Italien 1990

Steingraber, S. (Hg.): Etruscan Painting, New York 1986

Syme, R.: The Roman Revolution, Oxford 1939

Syme, R.: History in Ovid, Oxford 1978

Tannahill, R.: Sex in History, London 1980

Taphin, O.: Greek Fire, London 1989

Taylor, T.: The Prehistory of Sex, London 1996

Themelis, P.G.: Delphi, Athen 1980

Velikovsky, I.: Vom Exodus zum König Echnaton, Berlin 1995
Ward-Perkins, J./A. Claridge: Pompeii AD 79, Boston 1976
Warner, M.: From the Beast to the Blonde, London 1994
Waterfield, R.: Plato Symposium, New York 1996
Wilkinson, L. P.: Ovid Surveyed, Cambridge 1962
Willetts, R. F.: Everyday Life in Ancient Crete, London 1969
Winkler, J.: Der gefesselte Eros. Sexualität und Geschlechterverhältnis im antiken Griechenland, München 1997
Zacks, R.: History Laid Bare, London 1994
Zaphiroponlon, P.: Delos, Athen 1993

Danksagung

Dem Gedächtnis an Professor Kenan Erim gewidmet

Dieses Buch ist einem lieben Freund und großen Archäologen gewidmet, dem 1990 verstorbenen Kenan Erim, der mich als Leiter der Ausgrabungen in Aphrodisias im Sommer 1984 mit John Julius Norwich bekannt machte und zu einem gemeinsamen Filmprojekt über diese bemerkenswerte Stadt in der Westtürkei anregte.

John Julius' Professionalität und sein Wissen über die klassische griechische Architektur retteten uns nicht nur über den ersten Drehtag hinweg, sondern waren auch der Grundstein für eine dauerhafte Freundschaft. Für seine Ermutigung und Hilfe während der Arbeit an unserem nächsten Film, „Liebe in der Antike", und bei der Entstehung des nun vorliegenden gleichnamigen Buches bin ich ihm sehr dankbar. Noch viele andere Freundschaften wurden in Aphrodisias geknüpft, und einige der Archäologen, die ich bei den Abendessen kennenlernte, zu denen uns Kenan an seinen Tisch einlud, boten mir freundlicherweise ihre Hilfe und wissenschaftliche Unterstützung an: vor allem Juliette de La Genière, Nathalie de Chaisemartin, Charlotte Roueche und die Epigraphikerin Joyce Reynolds. Letztere war es auch, die mich mit Thomas Fegan bekannt machte, einem jungen Mann, der sehr am Filmen interessiert war und mir während der Dreharbeiten durch Recherchen und Assistenz wertvolle Hilfe leistete.

Ebenfalls in Aphrodisias lernte ich den Bildhauer und Restaurator Peter Rockwell kennen, der mir mit seinen Kenntnissen der griechischen und römischen Kunst die tiefere Bedeutung vieler Skulpturen erschloß.
Des weiteren waren für die Entstehung dieses Buches unersetzlich: Dr. Paul Bahn, Anne Baring, Dr. Dominic Montserrat, Prof. Eva Keuls, Dr. Wuenscher, Dr. Ellen Reeder, Prof. Theo Antikas, Dr. William Fitzgerald, Dr. Susan Fischler und Dr. Mary Beard.

Ein Großteil der Abbildungen und der Recherchearbeiten verdankt sich den Dreharbeiten zu dem Film, den Richard Price von Primetime Associates und das Arts and Entertainment Television Network in New York produzierten. Ebenso gilt mein Dank Marina Gratsos und Felix von Moreau, die nicht nur Dr. Walter Flemmer vom Bayerischen Rundfunk für das Projekt interessierten, sondern auch Ulla Streib, die die Produktionsleitung hatte, in jeder Weise hilfreich zur Seite standen. Die Antike wäre nichts ohne die Griechen, und ich danke George Culucundis und ERT AE Television für ihre unschätzbare Hilfe. Überdies danke ich meinem Kameramann Alistair Cameron und seinem begabten und hilfsbereiten Team, ohne deren Unterstützung weder der Film noch etliche Fotografien dieses Bandes hätten entstehen können.

Weiterhin bin ich all jenen Menschen zu Dank verpflichtet, die mir vor und während der Dreharbeiten Gastfreundschaft gewährten: Joan und Seymour Camrose, auf deren Yacht die Idee zu diesem Buch entstand, in der Türkei Tricia und Timothy Daunt sowie Bert Smith, derzeitiger Leiter der Ausgrabungen in Aphrodisias, in New York Sam und Rosetta Miller sowie in Deutschland Monica von Moreau. In England vermittelten mir Ingrid McAlpine, Peter Watts und sein Sohn Mark die Ermutigung und Unterstützung, die ich brauchte, um das Projekt zu Ende zu bringen.

Jeder, der weiß, welche Probleme bei den Dreharbeiten zu einem Film auftauchen können, weiß auch, daß die Schwierigkeiten sich verdoppeln, wenn man gleichzeitig auch noch versucht, ein Buch zum Film zu schreiben. Die Bemühungen Michael Dovers, Judith Flanders' und Caroline Knights, mich vom Schneidetisch an den Schreibtisch zu locken, weiß ich daher sehr wohl zu schätzen.

Und schließlich bedurfte es eines ganz besonderen Menschen, um mit der nicht enden wollenden Unordnung in meinem Arbeitszimmer, den überall im Haus herumliegenden Filmdosen und Videobändern, Stapeln von Nachschlagewerken und Fotos, den gelegentlichen Besuchen von Mitgliedern des Filmteams, die nicht selten auch noch zum Essen blieben, ganz zu schweigen von den Arbeiten an den Filmkulissen fertig zu werden – der Göttin der Liebe höchstpersönlich, meiner ebenso leidgeprüften wie geduldigen Frau Suzy, und unserer Tochter Sophie.

Christopher Miles, Juni 1997
Calstone House, Wiltshire

Alle Fotografien stammen von Christopher Miles, mit Ausnahme der im Folgenden aufgelisteten:
S. 6: John Reader, Archive Science Museum; S. 13, 16: Musée d'Aquitaine, Frankreich; S. 18: Dimitri Chermisin; S. 26: kolorierte Radierung von Suzy Miles; S. 40: Egypt color; S. 44, 47, 48 oben, 49 links: John Decopoulos; S. 61, 62 unten: Gregory Dupré; 72 rechts: John and Mable Ringling Museum of Art, USA; S. 95: Baltimore Museum of Art, Baltimore, USA; S. 110: Harry T. Moore.

Register

Die kursiv gesetzten Ziffern verweisen auf Bildunterschriften.